● 浙江省"十三五"产学研协同育人项目"劳动人事争议智能庭审实验室建设"

● 2019 年第二批教育部高教司产学研协同育人项目"浙江省温州市高教园区劳动人事争议预防调处实践教学基地"

● 浙江省社会科学规划项目"新业态从业人员劳动权益保障研究"（22NDYD049YB）

企业用工管理
典型案例分析

主 编◎周湖勇
副主编◎张元华
谭 浩

厦门大学出版社　国家一级出版社
XIAMEN UNIVERSITY PRESS　全国百佳图书出版单位

图书在版编目（CIP）数据

企业用工管理典型案例分析 / 周湖勇主编. -- 厦门：
厦门大学出版社，2023.5
ISBN 978-7-5615-8931-1

Ⅰ．①企… Ⅱ．①周… Ⅲ．①企业管理－人事管理－
案例 Ⅳ．①F272.92

中国版本图书馆CIP数据核字(2023)第038896号

出 版 人　郑文礼
责任编辑　甘世恒　郑晓曦
封面设计　张雨秋
技术编辑　许克华

出版发行　厦门大学出版社
社　　址　厦门市软件园二期望海路39号
邮政编码　361008
总　　机　0592-2181111　0592-2181406(传真)
营销中心　0592-2184458　0592-2181365
网　　址　http://www.xmupress.com
邮　　箱　xmup@xmupress.com
印　　刷　厦门金凯龙包装科技有限公司

开本　720 mm×1 020 mm　1/16
印张　13.75
插页　2
字数　236 千字
版次　2023 年 5 月第 1 版
印次　2023 年 5 月第 1 次印刷
定价　78.00 元

厦门大学出版社
微信二维码　　厦门大学出版社
微博二维码

目　　录

第一编　入职管理

第二编　在职管理

第三编　离职管理

第一编　入职管理

一、入职时间的认定

【案情介绍】[①]

黄某是佛山市南海区大沥井福海鲜城的员工,于 2004 年 4 月 1 日入职该公司,并于 2016 年 7 月 21 日签订劳动合同,工资为计时工资。用人单位于 2019 年 3 月 4 日晚上召开全体员工会议,以业务发展需要为由,从 2019 年 3 月 5 日起停止经营,并要求员工到佛山市南海区大沥喜升酒楼报到上班,但黄某不同意。黄某认为,海鲜城从 2019 年 3 月 5 日起停止经营,并通知其搬离宿舍,因此从该日起不再向海鲜城提供劳动,双方的劳动关系在事实上已经解除,符合劳动者和用人单位订立劳动合同时所依据的客观情况发生重大变化,经双方协商未能就变更劳动合同内容达成协议的情形。黄某对劳动仲裁裁决不服,故将佛山市南海区大沥井福海鲜城起诉至广东省佛山市南海区人民法院,请求被告支付工资。

【处理结果】

1. 佛山市南海区大沥井福海鲜城于判决发生法律效力之日起 10 日内支付 2019 年 3 月 1 日至 4 日的工资 407 元予黄某;

2. 佛山市南海区大沥井福海鲜城于判决发生法律效力之日起 10 日内支付 2017 年 4 月至 2019 年 3 月期间的带薪年休假工资 1485 元予黄某;

---

① 案例来源:中国裁判文书网,(2019)粤 0605 民初 16753 号。

3. 佛山市南海区大沥井福海鲜城于判决发生法律效力之日起 10 日内支付经济补偿金 64400 元予黄某。

【争议焦点】

入职时间及工资支付情况的举证责任由谁承担？劳动合同发生变更还是劳动关系已解除？

【案例评析】

《最高人民法院关于审理劳动争议案件适用法律若干问题的解释(一)》第 44 条规定,因用人单位作出的开除、除名、辞退、解除劳动合同、减少劳动报酬、计算劳动者工作年限等决定而发生的劳动争议,用人单位负举证责任。在本案中,劳动者主张入职时间为 2004 年 4 月 1 日,而用人单位对劳动者的入职时间不清楚。被告作为用人单位,对员工的入职时间等负有管理责任,应当对此承担举证责任。而现被告对原告的入职时间不清楚,亦未能提供入职登记表,应自行承担举证不能的法律后果。

《中华人民共和国劳动合同法》(以下简称《劳动合同法》)第 40 条规定,"有下列情形之一的,用人单位提前三十日以书面形式通知劳动者本人或者额外支付劳动者一个月工资后,可以解除劳动合同······(三)劳动合同订立时所依据的客观情况发生重大变化,致使劳动合同无法履行,经用人单位与劳动者协商,未能就变更劳动合同内容达成协议的"。在本案中,被告以业务发展需要为由通知原告酒楼停止经营,并要求原告到案外人处报到上班,但原告以用人单位主体发生变化为由不同意。对此,被告从 2019 年 3 月 5 日起停止经营,并通知原告搬离宿舍,原告从该日起未向被告提供劳动。可见,双方的劳动关系在事实上已经解除,故本案符合原、被告订立劳动合同时所依据的客观情况发生重大变化,经双方协商未能就变更劳动合同内容达成协议的情形。

【核心法条链接】

《最高人民法院关于审理劳动争议案件适用法律若干问题的解释(一)》

第四十四条　因用人单位作出的开除、除名、辞退、解除劳动合同、减少劳动报酬、计算劳动者工作年限等决定而发生的劳动争议,用人单位负举证责任。

《中华人民共和国劳动合同法》

第四十条 有下列情形之一的,用人单位提前三十日以书面形式通知劳动者本人或者额外支付劳动者一个月工资后,可以解除劳动合同:

(一)劳动者患病或者非因工负伤,在规定的医疗期满后不能从事原工作,也不能从事由用人单位另行安排的工作的;

(二)劳动者不能胜任工作,经过培训或者调整工作岗位,仍不能胜任工作的;

(三)劳动合同订立时所依据的客观情况发生重大变化,致使劳动合同无法履行,经用人单位与劳动者协商,未能就变更劳动合同内容达成协议的。

《中华人民共和国劳动争议调解仲裁法》

第六条 发生劳动争议,当事人对自己提出的主张,有责任提供证据。与争议事项有关的证据属于用人单位掌握管理的,用人单位应当提供;用人单位不提供的,应当承担不利后果。

第三十九条 当事人提供的证据经查证属实的,仲裁庭应当将其作为认定事实的根据。

劳动者无法提供由用人单位掌握管理的与仲裁请求有关的证据,仲裁庭可以要求用人单位在指定期限内提供。用人单位在指定期限内不提供的,应当承担不利后果。

【实务操作建议】

劳动者应承担初步举证责任。《民事诉讼法》第67条和《劳动人事争议仲裁办案规则》第13条等法律、法规均规定当事人对自己提出的主张,有责任提供证据。实践中很多案例都要求劳动者对其入职时间承担举证责任,否则应承担举证不能的法律后果。劳动者完成初步举证责任,用人单位对否认承担举证责任。因用人单位对劳动者负有管理职责,故在劳动者完成举证责任后由用人单位举证反驳。关于双方劳动关系开始的时间问题,在劳动争议纠纷中,劳动者主张与用人单位存在劳动关系,对此负有举证责任,但因用人单位对劳动者负有管理职责,相关的用工资料亦由用人单位保管,故在劳动者完成举证责任后,用人单位应对其反驳意见所依据的事实提供证据加以证明,用人单位应提交入职登记表、工资表及原始会计凭证等材料证明劳动者入职时间。

(撰稿人:黄晨雨)

二、知情权保障问题

【案情介绍】①

2018 年 4 月,曹某与中山某电子元件有限公司协商解除劳动合同,但未能达成合意。2018 年 4 月 19 日,公司向曹某发出通知,因生产经营需要,且曹某所在部门人员富余,预计将曹某安排到其他部门工作,同时要求曹某 4 月 20 日至 5 月 19 日参加公司培训,但并未告知曹某将调往的具体部门和参加培训的具体内容。曹某以公司未具体告知为由拒绝参加培训并留在原岗位继续工作,后公司于 2018 年 4 月 20 日向曹某发出限期到岗培训通知书一份,并分别于 4 月 23 日和 4 月 26 日出具违纪处罚通知书一份,累计给予两次记小过处分。2018 年 5 月 7 日,公司及工会委员会作出"关于短信通知解除劳动合同通知"的书面回复,要求曹某收到此回复函后三天内说明不出席公司安排教育训练的原因,否则将不经预告解除劳动关系且不支付任何经济补偿金。2018 年 5 月 8 日,曹某回复称:本人与公司协商解除劳动合同未果后,公司单方面强行发出通知,未与本人沟通并作进一步解释。本人在未确认通知真伪、事实不明、公司没有正面回复的情况下有权拒绝履行通知内容,这是合法且合理的。2018 年 5 月 10 日,公司向曹某作出解除劳动合同通知一份,并通知工会委员会。曹某与公司就 4 月工资差额与解除劳动合同补偿金事宜产生纠纷,后将公司起诉至人民法院。

一审法院经审理后认为,中山某电子元件有限公司与曹某签订的劳动合同合法有效。在公司未与曹某解除劳动合同前,曹某应当遵守用人单位的各项规章制度。公司因经营需要对曹某等劳动者进行培训,并未降低其薪酬待遇及增加劳动强度,曹某拒绝参加培训,留在原工作岗位违反了员工手册规定。公司在 2018 年 4 月 19 日、20 日接连发出培训通知,在曹某未参加培训

---

① 案例来源:中国裁判文书网,(2018)粤 2071 民初 16042 号、(2019)粤 20 民终 160 号。

的情况下,于 4 月 23 日给予其记小过处分。因曹某仍未参加培训,公司于 4 月 26 日再次给予其记小过处分。2018 年 5 月 10 日,因曹某受到两次记小过处分,公司解除了劳动合同关系。《劳动合同法》第 39 条规定:"劳动者有下列情形之一的,用人单位可以解除劳动合同:……(二)严重违反用人单位的规章制度的……"曹某在公司数次通知之后仍不参加培训,应视为严重违反了公司规章制度,公司据此解除劳动合同并未违反法律规定,故无须支付解除劳动合同补偿金。因公司未能提交工资支付台账,故对其无须支付 2018 年 4 月份工资差额 952 元的请求,一审法院予以驳回。

曹某不服一审判决结果,提起上诉,二审法院经审理后认为,本案的争议焦点为公司解除与曹某的劳动关系是否合法。《劳动合同法》第 8 条规定:"用人单位招用劳动者时,应当如实告知劳动者工作内容、工作条件、工作地点、职业危害、安全生产状况、劳动报酬,以及劳动者要求了解的其他情况;用人单位有权了解劳动者与劳动合同直接相关的基本情况,劳动者应当如实说明。"参照该规定,用人单位调整劳动者工作岗位时,亦应如实告知劳动者新工作岗位的工作内容、工作条件、工作地点、职业危害、安全生产状况、劳动报酬等与劳动者切身利益相关的情况,以保障劳动者的基本知情权。本案中,从公司 2018 年 4 月 19 日发出的通知内容可知,公司因调整曹某新工作岗位而对曹某进行岗前培训,即使该调岗确属因生产经营需要而进行,但公司并未告知曹某新工作岗位的具体情况,亦未告知曹某岗前培训的相关内容。在无法保障基本劳动知情权的情况下,曹某未参加公司安排的培训,而是继续在原岗位出勤,并不属于不服从公司工作安排。公司对曹某的记小过处罚以及解除与曹某的劳动关系没有事实依据,属违法解除劳动关系。一审认定公司合法解除与曹某的劳动关系不当,二审法院予以纠正。

【处理结果】

法院判决公司应支付违法解除劳动合同赔偿金及 4 月份工资差额。

【争议焦点】

公司未具体告知调整岗位及培训内容是否侵犯劳动者的知情权。

【案例评析】

《劳动合同法》第 8 条规定：用人单位招用劳动者时，应当如实告知劳动者工作内容、工作条件、工作地点、职业危害、安全生产状况、劳动报酬，以及劳动者要求了解的其他情况。该条从形式上直接规定了劳动者在用人单位招聘阶段和劳动合同订立阶段的知情权，站在用人单位的角度则是规定了缔约告知义务，其制度设计是为了保证缔约时双方的信息条件对称，[①] 促使用人单位和劳动者在订立劳动合同时比较全面地了解对方与劳动合同相关的真实情况，防止盲目、草率地订立劳动合同，避免或减少不必要劳动争议的发生。[②]

有学者提出知情权的内容不完整是我国劳动者知情权法律保护的缺陷，即只在劳动合同订立阶段和经济性裁员情况下保护知情权，这其实是对我国劳动合同法的误读和错读。[③] 事实上，仅就劳动合同法而言，从实质意义上看，对知情权的规定范围就很广泛，并不仅仅局限于缔约告知义务，还包括在劳动合同履行、变更、解除和终止的过程中。[④] 如劳动规章制度的制定、劳动合同的变更、试用期内用人单位解除劳动合同、用人单位无过失性辞退劳动者、用人单位经济性裁员等情形下都对劳动者的知情权有不同程度和方式的保障。

本案的争议焦点为公司未具体告知调整岗位及培训内容是否侵犯劳动者的知情权。首先，劳动者的岗位调整属于对劳动合同的变更，根据《劳动合同法》第 35 条的规定，"用人单位与劳动者协商一致，可以变更劳动合同约定的内容"。"协商"一词就隐含着对用人单位具体告知的要求和对劳动者知情权的保障。其次，《劳动合同法》第 8 条明确规定了对劳动者在订立劳动合同阶段知情权的保障，依据劳动法倾斜保护的立法原则和本条消除信息不对称的立法目的进行扩张解释，在劳动合同的履行和变更阶段对劳动者知情权予以保障也是题中之义。最后，劳动者的知情权属于劳动权的保障权，是实现劳动者其他法定权利的手段和前提。在履行劳动合同过程

---

① 王全兴：《劳动法》，法律出版社 2017 年第 4 版，第 177 页。
② 林嘉：《劳动法的原理、体系与问题》，法律出版社 2016 年版，第 168 页。
③ 李向楠：《劳动者知情权保护的法律问题研究》，辽宁大学 2018 年硕士论文。
④ 周湖勇：《试论劳动者的知情权——从〈劳动合同法〉第八条规定谈起》，载《重庆交通大学学报（社会科学版）》2018 年第 4 期。

中,劳动者要知悉用人单位的规章制度等信息才能实现自己的劳动报酬权、休息休假权、安全卫生权和保险福利权等[①],岗位调整及培训也应不例外。综上所述,公司未具体告知新工作岗位的具体情况及培训内容侵犯了劳动者的知情权,二审法院的判决合理合法。

【核心法条链接】

《中华人民共和国劳动合同法》

第八条　用人单位招用劳动者时,应当如实告知劳动者工作内容、工作条件、工作地点、职业危害、安全生产状况、劳动报酬,以及劳动者要求了解的其他情况;用人单位有权了解劳动者与劳动合同直接相关的基本情况,劳动者应当如实说明。

第二十六条　下列劳动合同无效或者部分无效:

(一)以欺诈、胁迫的手段或者乘人之危,使对方在违背真实意思的情况下订立或者变更劳动合同的;

(二)用人单位免除自己的法定责任、排除劳动者权利的;

(三)违反法律、行政法规强制性规定的。

对劳动合同的无效或者部分无效有争议的,由劳动争议仲裁机构或者人民法院确认。

第三十五条　用人单位与劳动者协商一致,可以变更劳动合同约定的内容。变更劳动合同,应当采用书面形式。

第三十九条　劳动者有下列情形之一的,用人单位可以解除劳动合同:

(一)在试用期间被证明不符合录用条件的;

(二)严重违反用人单位的规章制度的;

(三)严重失职,营私舞弊,给用人单位造成重大损害的;

(四)劳动者同时与其他用人单位建立劳动关系,对完成本单位的工作任务造成严重影响,或者经用人单位提出,拒不改正的;

(五)因本法第二十六条第一款第一项规定的情形致使劳动合同无效的;

(六)被依法追究刑事责任的。

[①]　杜宁宁:《权利冲突视野下的劳动者知情权问题研究》,载《当代法学》2014年第5期。

【实务操作建议】

用人单位招用劳动者时,劳动者有权了解工作内容、工作条件、工作地点、职业危害、安全生产状况、劳动报酬,以及劳动者要求了解的其他情况。用人单位作为劳动者知情权的义务主体,应建立和完善公开制度和告知制度,向应聘者告知工作内容、工作条件、工作地点、职业危害、安全生产状况、劳动报酬以及应聘者要求了解的其他情况,向劳动者及时公开企业的劳动规章制度、生产设施设备情况、财务状况和经营管理状况①。另外,在试用期内用人单位解除劳动合同、用人单位无过失性辞退劳动者、用人单位经济性裁员等情形下也要注意说明理由,告知劳动者相关情况,避免违法的风险。

(撰稿人:潘军宝)

---

① 曹艳春:《劳动者知情权的法律思考》,载《工会论坛(山东省工会管理干部学院学报)》2002年第3期。

三、劳务关系还是非法用工关系

【案情介绍】①

杨某是黄某经营的某五金抛光厂(该厂未在工商行政管理部门进行企业登记)聘任的职工,2012年加入该厂从事装配工作。2012年10月10日,杨某在从事抛光工作过程中左眼被铁环击伤致左眼眼球受伤,在中山市人民医院进行治疗。按黄某与杨某签订的工伤赔偿合同,由黄某来支付杨某在住院治疗过程中的全部医疗费以及该市最低工资。杨某称黄某仅按正常上班工资支付,并未支付其他费用。2015年10月16日,在杨某第二次住院治疗后,杨某又被诊断出左眼粘连性角膜白斑、左眼无晶体眼,之后经过广东岐江司法鉴定所鉴定为左眼盲目四级,构成八级伤残。自2012年10月至2015年,杨某一直不间断地进行治疗并将相关的医疗费用证据交于黄某,黄某并不确认其证据的真实性,也并未支付后续的相关费用。对于当事人双方是劳务关系还是非法用工关系尚未确认,后续产生相关的费用争议并未得到解决。

2017年杨某决定将黄某诉至广东省中山市第二人民法院,请求黄某支付治疗费用以及其他的相关费用。该法院认定双方之间为劳务关系并依据其关系处理后续相关的费用;因杨某在工作过程中未能尽到自身安全注意义务,对涉案事故的发生存在一定过失,决定由黄某承担70%的责任,杨某自负30%的责任;判决黄某支付杨某赔偿款147364.78元,驳回杨某的其他诉讼请求。2018年,黄某因与杨某福利待遇纠纷一案,不服广东省中山市第二人民法院的民事判决,决定上诉至广东省中山市中级人民法院,请求该法院撤销原判决或发回重审。

---

① 案例来源:中国裁判文书网,(2017)粤2072民初401号、(2018)粤20民终2317号。

【处理结果】

广东省中山市中级人民法院撤销一审法院的民事判决且驳回杨某的起诉。

【争议焦点】

用人单位在没有取得营业执照的情况下聘任员工,员工因工受伤签订工伤赔偿合同后,适用劳务关系还是非法用工关系,即非法用工关系如何判定?

【案例评析】

《非法用工单位伤亡人员一次性赔偿办法》第2条第1款规定:"本办法所称非法用工单位伤亡人员,是指无营业执照或者未经依法登记、备案的单位以及被依法吊销营业执照或者撤销登记、备案的单位受到事故伤害或者患职业病的职工,或者用人单位使用童工造成的伤残、死亡童工。"确定非法用工关系应以用人一方对外存在以未经依法登记、备案的单位以及被依法吊销营业执照或者撤销登记、备案的单位名义开展生产经营活动为前提。在该案件中,黄某经营的某五金抛光厂聘任杨某在厂内工作,之后双方又签订工伤赔偿合同,足以证明形成用工关系,但某五金抛光厂没有依法办理工商登记手续,应当认定双方为非法用工关系,而非劳务关系。

非法用工是指事实用工关系中的用工单位或劳动提供方不具备相应用人单位合法经营资格或者劳动者的资格。劳动关系首先在主体资格上就必须合法。作为用人单位一方,应当是依法登记注册的法人或分支机构;而劳动者一方则必须是处于法定就业年龄内,且具备劳动能力和从业资格的自然人。非法用工单位只是形式上有"单位"之名,而无"单位"之实,也即是未经合法程序许可,不满足法律关于用人单位所应具备条件的相关要求。非法用工的主要表现形式如下:一是用工方不具备用人单位合法资格,如未办理营业执照或营业执照被吊销仍招用员工等;二是劳动提供方不具备劳动者的资格,如童工、未取得就业许可证的外国人为用工单位提供劳动等。

某五金抛光厂属于非法用工主体,应当按照《非法用工单位伤亡人员一次性赔偿办法》来进行救济,而不能按照劳务关系来进行救济。两者的救济途径也是不一样的。根据《非法用工单位伤亡人员一次性赔偿办法》第8条"伤残职工或者死亡职工的近亲属、伤残童工或者死亡童工的近亲属就赔偿数额与单位发生争议的,按照劳动争议处理的有关规定处理"的规定,在该案中,应按照劳动争议处理程序进行审查。根据《中华人民共和国劳动法》第79条"劳动争议发生后,当事人可以向本单位劳动争议调解委员会申请调解;调解不成,当事人一方要求仲裁的,可以向劳动争议仲裁委员会申请仲裁。当事人一方也可以直接向劳动争议仲裁委员会申请仲裁。对仲裁裁决不服的,可以向人民法院提起诉讼",劳动争议案件必须经过劳动仲裁这一前置程序。而在该案中,杨某并没有提供证据证明其曾经提起过劳动仲裁,违反了劳动争议案件仲裁前置的法定程序,因而不符合人民法院受理劳动争议案件的条件。

【核心法条链接】

《中华人民共和国劳动合同法》

第九十三条　对不具备合法经营资格的用人单位的违法犯罪行为,依法追究法律责任;劳动者已经付出劳动的,该单位或者其出资人应当依照本法有关规定向劳动者支付劳动报酬、经济补偿、赔偿金;给劳动者造成损害的,应当承担赔偿责任。

《非法用工单位伤亡人员一次性赔偿办法》

第二条　本办法所称非法用工单位伤亡人员,是指在无营业执照或者未经依法登记、备案的单位以及被依法吊销营业执照或者撤销登记、备案的单位受到事故伤害或者患职业病的职工,或者用人单位使用童工造成的伤残、死亡童工。

前款所列单位必须按照本办法的规定向伤残职工或者死亡职工的近亲属、伤残童工或者死亡童工的近亲属给予一次性赔偿。

第八条　伤残职工或者死亡职工的近亲属、伤残童工或者死亡童工的近亲属就赔偿数额与单位发生争议的,按照劳动争议处理的有关规定处理。

【实务操作建议】

用人单位必须符合用工主体资格。劳动提供方必须具备劳动者的资格,禁止使用童工,禁止未取得就业许可证的外国人为用工单位提供劳动等。用人单位招用劳动者时,要严把劳动者入职审查关,认真审核员工个人资料的真实性。

(撰稿人:刘　蕊)

四、建筑工程承包合同中劳动关系
和承揽关系的区分

【案情介绍】①

某科技有限公司因为经营场所从南城莞太路3××号搬迁到万江新村社区民营路7×号，所以需对新场所进行重新装修，便通过朋友白某介绍找到杨某承包了该公司经营场所墙面装修工程，包工头杨某又雇请了王某在该公司处从事墙面装修施工，但杨某不具备用工主体资格。在施工过程中，王某受杨某安排管理指挥，劳动工具、生产材料等系包工头杨某提供，王某的工作报酬从杨某处领取。王某不受该公司考勤等规章制度的管理。

王某认为，2018年7月9日其到该公司处从事墙面装修工作，2018年7月23日在工作时受伤，其系受公司的控制支配，由厂长进行考勤监督，在公司指定的场所提供劳力，其与杨某等人都是按照280元/天的标准计算工资。根据原劳动和社会保障部〔2005〕12号文件《关于确立劳动关系有关事项的通知》第1条的规定，该公司对其应当承担用工主体的责任。如认定双方不存在劳动关系显失公平，违背立法本意，侵害了劳动者的合法权益。

某科技有限公司认为，双方自2018年7月9日至今不存在劳动关系。根据《关于确立劳动关系有关事项的通知》第4条的规定要求该公司承担用工主体责任属于另一层法律关系，应该另案处理，与双方是否存在劳动关系没有关联性。本案中，公司也依照该通知第4条的规定处理了王某工作过程中受伤的纠纷，支付了王某所有医疗费、住院伙食费等费用，然后依法继续与王某协商处理后续事宜。

后王某将某科技有限公司诉至法院，因不服法院的民事判决，又上诉至

---

① 案例来源：中国裁判文书网，（2018）粤1971民初35074号、（2019）粤19民终12417号。

中级人民法院,要求法院确认其与公司间存在劳动关系。

【处理结果】

法院认定王某与某科技有限公司不存在劳动关系。

一审庭审中,证人杨某陈述,杨某、王某等人在某科技有限公司的任务是完成400~500平方米的样板,按天结算报酬,即杨某、王某等人按照该公司的要求完成一定的工作,该公司接受工作成果并给付约定的报酬。王某对杨某的证言无异议,且王某也未能提供劳动合同、工资、社保等相关证据,王某在二审庭审时承认系杨某将其雇佣。综上,法院认定王某与该公司成立的不是劳动关系。

【争议焦点】

在建筑工程承包合同中,如何区分劳动关系与承揽关系?本案中,包工头杨某不具备用工主体资格,是否会影响劳动关系的认定?

【案例评析】

本案中涉及劳动关系与承揽关系的区分及不具备用工主体资格是否影响劳动关系的认定两个问题。

1. 劳动关系与承揽关系的区分

劳动关系是指国家机关、企事业单位、社会团体和个体经济组织(统称用人单位)与劳动者个人之间依法签订劳动合同,劳动者接受用人单位的管理,从事用人单位安排的工作,成为用人单位的成员,从用人单位领取报酬和受劳动保护所产生的法律关系。承揽关系是承揽人按照定作人的要求完成一定的工作,交付工作成果,定作人接受工作成果并给付报酬而在双方当事人之间形成的法律关系。劳动关系与承揽关系的主要区别在于从属标准、报酬的发放、生产资料的提供、专属性程度、继续性、对完成工作时间的约定等的不同。

从从属标准方面而言,劳动关系的本质特征在于劳动者与用人单位之间存在管理与被管理的人身隶属关系,劳动者提供劳动的具体内容、方式及劳动时间等均服从和接受用人单位的监督管理。在承揽关系中,承揽人虽然也是根据委托单位的指示要求完成一定的工作任务,但承揽人在完成承揽工作时具有独立性,其完成工作的具体方式方法由承揽人自主决定,不受委托单位的监督管理，只需按约定向委托单位交付劳动成果即可。

从生产资料的提供方面而言，劳动关系中用人单位提供各种劳动条件，主要有劳动场所、劳动工具和相关的劳动资料等。在承揽关系中，工作场地、生产条件一般由承揽人本人负责提供，承揽人只要向定作人交付工作成果即可。

从报酬的发放方面而言，劳动关系中报酬支付有一个相对较长的工资支付周期，如按星期、按月支付工资，工资支付有相当于该行业的比较固定的标准，受劳动法规的约束，报酬体现的是劳动力的价格。承揽合同关系一般为一次性支付，或是合同中明确约定报酬的支付方式，对此双方依约比较清晰，报酬不仅包括劳动力价格，还包括其他的一些工本费等等。

在实务中，劳动关系和承揽关系可以根据劳动者是否受用人单位规章制度管理及劳动合同、工资、社保等相关证据进行界定。本案中，杨某、王某不受该科技有限公司考勤等规章制度的管理，按照公司的要求完成一定工作，公司按照工作成果给付约定的报酬，王某也未能提供劳动合同、工资、社保等相关证据。因此，王某与该公司之间不存在劳动关系，而杨某承包了公司的建筑工程，杨某与公司之间存在承揽关系。

2. 用工主体资格对劳动关系认定的影响

原劳动和社会保障部《关于确立劳动关系有关事项的通知》第 4 条规定，建筑施工、矿山企业等用人单位将工程（业务）或经营权发包给不具备用工主体资格的组织或自然人，对该组织或自然人招用的劳动者，由具备用工主体资格的发包方承担用工主体责任。本案中，包工头杨某不具有用工主体资格，而该公司属于建筑施工单位，将工程违法发包给了不具有用工主体资格的杨某，按照上述规定该公司应当承担用工主体的责任。但根据人力资源和社会保障部《关于执行〈工伤保险条例〉若干问题的意见》（人社部发〔2013〕34 号）第 7 条的规定，建筑施工单位的用工主体责任仅限于工伤赔偿的责任范围，不与劳动关系直接关联。

关于实际施工人招用的劳动者与建筑施工企业之间是否存在劳动关系，《关于对最高人民法院〈全国民事审判工作会议纪要〉第 59 条作出进一步释明的答复》认为，实际施工人与其招用的劳动者之间存在雇佣关系，劳动者与具有用工主体资格的建筑施工企业之间不存在劳动关系或雇佣关系。可见，用工主体责任与劳动关系的认定并不存在必然联系。本案中，王某由包工头杨某雇佣，受杨某的指挥和管理，不受该公司规章制度的管理。

是否存在劳动关系需要根据劳动者是否受用人单位规章制度的管理等特征进行判断。据此,王某与该公司不存在劳动关系。

【核心法条链接】

原劳动和社会保障部《关于确立劳动关系有关事项的通知》

一、用人单位招用劳动者未订立书面劳动合同,但同时具备下列情形的,劳动关系成立。

(一)用人单位和劳动者符合法律、法规规定的主体资格;

(二)用人单位依法制定的各项劳动规章制度适用于劳动者,劳动者受用人单位的劳动管理,从事用人单位安排的有报酬的劳动;

(三)劳动者提供的劳动是用人单位业务的组成部分。

……

四、建筑施工、矿山企业等用人单位将工程(业务)或经营权发包给不具备用工主体资格的组织或自然人,对该组织或自然人招用的劳动者,由具备用工主体资格的发包方承担用工主体责任。

人力资源和社会保障部《关于执行〈工伤保险条例〉若干问题的意见》

七、具备用工主体资格的承包单位违反法律、法规规定,将承包业务转包、分包给不具备用工主体资格的组织或者自然人,该组织或者自然人招用的劳动者从事承包业务时因工伤亡的,由该具备用工主体资格的承包单位承担用人单位依法应承担的工伤保险责任。

【实务操作建议】

在建设工程承包合同中,对于用人单位和劳动者之间的关系的认定,以及劳动关系和承揽关系的区分,主要在于从属标准、报酬的发放、生产资料的提供、专属性程度、对完成工作时间的约定等。用人单位在主张与劳动者间是否存在劳动关系时,也应从劳动者是否受用人单位规章制度的管理、工资的发放、劳动合同是否签订、社保缴纳、用人单位是否符合主体资格、劳动者提供的劳动是不是用人单位业务组成部分等从属性特征方面考虑,用人单位需对工资支付凭证、缴纳社会保险记录、劳动者填写的招工记录、考勤记录等负担举证责任。

在建设工程承包合同中还涉及用工主体责任的认定。用人单位将工程发包给不具有用工主体资格的组织或自然人,对该组织或自然人招用的劳动者,由具备用工主体资格的发包方承担用工主体责任。当劳动者因承包业务受工伤时,具备用工主体资格的建筑工程承包单位需承担用人单位依法应承担的工伤保险责任。劳动者有权按照《工伤保险条例》的规定要求建筑承包单位承担责任,支付相应的工伤赔偿费用。

(撰稿人:盛蕙婷)

五、企业花名册不能替代或证明书面劳动合同

【案情介绍】[①]

丁某是某科技有限公司的人事经理,2018 年 9 月 12 日入职,负责保管劳动合同。丁某与公司在劳动关系的解除上存在争议,其声称与公司未签订书面劳动合同。而用人单位也无法提供与丁某签订的劳动合同,仅有公司内部管理系统打印出的"总花名册",其中记录了丁某与公司劳动关系的开始日期和终止日期。

原被告双方对于劳动关系是否解除也存在争议。丁某认为,其曾于 2019 年 2 月 15 日向公司法定代表人确认其回公司的时间,并填写离职表,表中载明丁某于 2019 年 2 月 15 日以"不合适"为理由申请"辞退",上有丁某与上级魏某的签名。而公司认为,离职表的申请日期和"不合适"的内容是丁某自行填写的,申请时间并非 2019 年 2 月 15 日,当天魏某并不在深圳。2019 年 2 月 15 日的微信聊天记录显示,公司法定代表人朱某与丁某确认其回深圳的时间。另有员工签名的书面证明,证明丁某于 2018 年 12 月 8 日离职的事实,并提交了机票确认单、携程行程单、通话记录等,用以证明魏某本人在 2019 年 2 月 15 日当天不在公司。

为此,丁某诉至仲裁委,以未签订书面劳动合同、公司违法解除劳动关系为由,要求公司支付赔偿金及二倍工资差额。

【处理结果】

仲裁委裁决用人单位和劳动者未签订书面劳动合同,应当支付二倍的工资差额。用人单位应当支付劳动者解除劳动关系的经济补偿。

法院经审理后认为,公司以"总花名册"的记录内容来证明双方签订了

---

① 案例来源:中国裁判文书网,(2019)粤 0307 民初 13452 号。

书面劳动合同,不符合法律规定,认定双方未签订书面劳动合同。离职表从形式到内容均存在明显的瑕疵,未提交其他证据,视为由用人单位提出并经双方协商一致解除劳动合同的情形。

【争议焦点】

用人单位与劳动者是否签订劳动合同? 公司的"总花名册"是否能证明双方签订了书面劳动合同? 本案中,用人单位以聊天记录及员工签名的书面证明确定劳动关系的解除是否合理?

【案例评析】

本案涉及是否签订书面劳动合同的认定及用人单位如何规范解除劳动合同的问题。

1. 是否签订书面劳动合同的认定

《劳动合同法》第 82 条规定,用人单位自用工之日起超过一个月不满一年未与劳动者订立书面劳动合同的,应当向劳动者每月支付二倍的工资。《劳动合同法》为了维护处于弱势的劳动者的合法权益,要求用人单位必须与劳动者订立书面劳动合同;否则,应当向劳动者每月支付二倍的工资。在本案中,用人单位和劳动者是否签订书面劳动合同,没有直接证据予以证明。用人单位以"总花名册"的记录内容来证明双方签订了书面劳动合同,证据形式不符合法律规定,且单一证据不足以认定双方事实上签订了书面劳动合同,法院对证据不予采信。根据举证责任的分配,由用人单位承担举证不能的法律后果,法院认定双方未签订书面劳动合同。

《劳动合同法》第 10 条规定,建立劳动关系应当订立书面劳动合同。可见,用人单位有及时与劳动者订立书面劳动合同的义务。[①] 一方面,用人单位应当在用工之日起一个月内订立书面劳动合同,并做好劳动合同书面材料等证据的留存。劳动合同原件具有直接的证明效力。而公司的"总花名册"等内容不符合法律规定,仅为单一证据,不足以替代书面劳动合同。另一方面,书面劳动合同的内容应具备劳动合同的各项要件。订立书面劳动合同旨在保护弱势群体劳动者的权益。劳动合同的内容应包含《劳动合同法》第 17 条中规定的内容。根据《最高人民法院公报》中的"北京泛太物流有限公

---

① 林嘉:《劳动法的原理、体系与问题》,法律出版社 2016 年版,第 166 页。

司诉单晶晶劳动争议纠纷案"可知,即使用人单位与劳动者未订立书面劳动合同,但双方签署的其他有效书面文件的内容已经具备了劳动合同的各项要件,也认定为存在劳动合同。因此,劳动合同的内容应具备相应要件。

2. 用人单位解除劳动合同的规范化

《劳动合同法》第 46 条第 1 款第 2 项规定,用人单位向劳动者提出解除劳动合同并与劳动者协商一致解除劳动合同的,用人单位应当向劳动者支付经济补偿。本案中,用人单位提供的离职表从形式到内容均存在明显的瑕疵、矛盾,且没有其他证据相印证。对于劳动合同的解除原因,双方均不能提供充分的证据证明,法院视为由用人单位提出并经双方协商一致解除劳动合同的情形,用人单位应当向劳动者支付经济补偿。

用人单位要规范劳动关系的解除,尤其要规范辞职行为。本案中劳动合同解除的主要争议在于用人单位主张为劳动者单方解除,即辞职;劳动者主张为用人单位单方解除,即辞退。

劳动者辞职包括预告辞职和即时辞职。预告辞职为《劳动合同法》第 37 条的规定,劳动者试用期外提前 30 日以书面形式通知用人单位或试用期内提前 3 日通知用人单位,可以解除劳动合同。即时辞职为《劳动合同法》第 38 条的规定,限于用人单位存在过错情形,劳动者可以解除劳动合同。劳动者辞职对于用人单位的法律风险较小,但要保留员工辞职的书面文件,证明劳动者单方面自愿离职。本案中,在离职表上注明"辞退",造成了辞职和辞退的混淆或因混淆将辞职向辞退转化。

用人单位辞退包括即时辞退和预告辞退。即时辞退规定于《劳动合同法》第 39 条过失性辞退中,分为经试用不合格而即时辞退和惩戒性辞退。预告辞退包括《劳动合同法》第 40 条的无过失性辞退和《劳动合同法》第 41 条的经济性裁员。用人单位辞退应及时履行法定程序,事先将解除理由通知工会,受工会监督,并将解除劳动合同的文本交由劳动者签收。

本案中,劳动者辞职和辞退两种解除劳动合同的方式,其裁决结果截然不同,故用人单位应做好证据留存工作及履行法定程序,防止辞职与辞退间的混淆。如果劳动者辞职,并有其他证据,如工作交接清单、工资支付记录、劳动关系解除证明、社会保险转出记录等相印证,则用人单位无须支付经济补偿金。因此,劳动者辞职与用人单位解除劳动关系时,应根据《劳动合同法》第 50 条的规定等,办理劳动合同的证明,办理解除档案、社会保险关系转移等手续,并妥善进行文本保管,以维护合法权利。

【核心法条链接】

《中华人民共和国劳动合同法》

第十条 建立劳动关系,应当订立书面劳动合同。

已建立劳动关系,未同时订立书面劳动合同的,应当自用工之日起一个月内订立书面劳动合同。

用人单位与劳动者在用工前订立劳动合同的,劳动关系自用工之日起建立。

第十一条 用人单位未在用工的同时订立书面劳动合同,与劳动者约定的劳动报酬不明确的,新招用的劳动者的劳动报酬按照集体合同规定的标准执行;没有集体合同或者集体合同未规定的,实行同工同酬。

第三十六条 用人单位与劳动者协商一致,可以解除劳动合同。

第三十七条 劳动者提前三十日以书面形式通知用人单位,可以解除劳动合同。劳动者在试用期内提前三日通知用人单位,可以解除劳动合同。

第三十八条 用人单位有下列情形之一的,劳动者可以解除劳动合同:

(一)未按照劳动合同约定提供劳动保护或者劳动条件的;

(二)未及时足额支付劳动报酬的;

(三)未依法为劳动者缴纳社会保险费的;

(四)用人单位的规章制度违反法律、法规的规定,损害劳动者权益的;

(五)因本法第二十六条第一款规定的情形致使劳动合同无效的;

(六)法律、行政法规规定劳动者可以解除劳动合同的其他情形。

用人单位以暴力、威胁或者非法限制人身自由的手段强迫劳动者劳动的,或者用人单位违章指挥、强令冒险作业危及劳动者人身安全的,劳动者可以立即解除劳动合同,不需事先告知用人单位。

第五十条 用人单位应当在解除或者终止劳动合同时出具解除或者终止劳动合同的证明,并在十五日内为劳动者办理档案和社会保险关系转移手续。

劳动者应当按照双方约定,办理工作交接。用人单位依照本法有关规定应当向劳动者支付经济补偿的,在办结工作交接时支付。

用人单位对已经解除或者终止的劳动合同的文本,至少保存二年备查。

第八十二条 用人单位自用工之日起超过一个月不满一年未与劳动者订立书面劳动合同的,应当向劳动者每月支付二倍的工资。

【实务操作建议】

用人单位与劳动者建立劳动关系,应当在用工之日起一个月内与劳动者签订书面劳动合同。该规定属于义务性规定,用人单位应注意劳动合同的书面形式要求及内容要求。对于是否签订了书面劳动合同,用人单位应承担举证责任并向仲裁委提供相应的证据材料,如具备劳动合同各要件的书面劳动合同或其他证明材料等。如用人单位自用工之日起超过一个月不满一年未与劳动者订立书面劳动合同,或用人单位不能证明签订了书面劳动合同,用人单位应当向劳动者每月支付二倍的工资。

用人单位与劳动者解除劳动关系时,应注意程序合法、准确,并注意留存相应证据。劳动者解除合同的形式不同,其法律后果不尽相同。若用人单位有《劳动合同法》第46条规定的情形,与劳动者解除劳动关系的,用人单位应当向劳动者支付经济补偿,并出具解除劳动合同的证明,在15日内办理档案和社会保险关系的转移手续。有关解除劳动关系的文本至少保存二年备查。

（撰稿人：盛蕙婷）

六、劳务派遣和劳务外包的区别以及同工同酬的认定

【案情介绍】①

黄某某与多城公司签订了劳动合同,而多城公司与戴尔公司之间签订了服务外包协议,多城公司遂把黄某某安排在戴尔公司上班。黄某某在工作期间一直按戴尔公司要求执行正常或弹性工作时间,遵守戴尔公司规定的工作时间和劳动纪律,且请假必须获得相关管理经理和人事专员的邮件批准,其他业绩奖励、非工资性报销按戴尔公司规定执行。所以黄某某认为戴尔公司是真正的用工单位,多城公司只是用人单位,而其与戴尔公司构成劳务派遣关系,工资也应与戴尔公司的员工同工同酬。

后黄某某与戴尔公司产生劳动纠纷,且不认可劳动争议,仲裁裁决,故黄某某将戴尔公司、多城公司起诉至法院,请求确认其与戴尔公司是劳务派遣关系,两被告需支付原告同工同酬的工资。

戴尔公司和多城公司对此辩驳,认为戴尔公司与多城公司签订服务协议,由多城公司向戴尔公司提供促销服务管理和相关支持服务,多城公司安排黄某某等服务人员在服务协议约定的地点向戴尔公司提供约定的促销、客户管理和开发服务。戴尔公司与多城公司之间为服务关系,并非劳务派遣关系,而系多城公司指派向戴尔公司提供服务协议约定之服务的多城公司职员,多城公司是戴尔公司服务供应商,三方之间法律关系不是劳务派遣关系,黄某某亦不是多城公司派遣至戴尔公司的员工。

一审法院认为黄某某与戴尔公司不构成劳务派遣关系。原因如下:一是黄某某创造的利益属于多城公司。由两公司签订的《总服务协议之CW330897 号作业说明》可知,戴尔公司将戴尔品牌经销商的零售店的促销

---

① 案例来源:中国裁判文书网,(2018)粤 1402 民初 837 号,(2019)粤民终 30 号。

服务管理和相关支持服务外包给多城公司,由多城公司为戴尔公司提供戴尔产品促销及客户管理和开发服务。双方根据实际的服务时长结合约定的服务小时费率及关键绩效指标(KPI)结算服务费用,是以工作量来结算服务费用。由此,黄某某从事多城公司安排其为戴尔公司提供销售支持及客户管理和开发服务工作,劳动成果及所产生的收益归于多城公司。二是用工管理的决定权仍在多城公司。从黄某某与多城公司签订的两份劳动合同约定的劳动岗位可知,黄某某在工作中向被告戴尔公司提交的相关数据、工作报告等,是按被告多城公司的要求履行劳动合同约定的工作内容。且在用工管理的各方面,戴尔公司仅有建议权,决定权仍在多城公司。

黄某某不服判决,遂进行上诉,请求判决上诉人与被上诉人戴尔公司是劳务派遣关系,且两被告需支付原告同工同酬应得的工资。

被上诉人戴尔公司认为其与多城公司签订了服务协议,多城公司为戴尔公司提供促销及客户管理和开发服务等,戴尔公司按照约定向多城公司支付服务费用,这是非常常见的服务外包商业合作模式。多城公司自主负责管理其员工的考勤、工资发放、社保缴纳等,其员工也是遵守多城公司的各项规章制度,戴尔公司不对多城公司员工进行任何的用工管理,仅是依据与多城公司签订的服务协议与其提供服务的人员进行业务上的合作和沟通,因此黄某某与戴尔公司并不构成劳务派遣关系,请求法院驳回上诉人针对戴尔公司的上诉请求。

二审法院认为此案件的争议焦点有如下两个方面。

一、关于是否存在被上诉人多城公司把上诉人黄某某派遣到被上诉人戴尔公司,由被上诉人戴尔公司对上诉人进行用工管理的劳务派遣法律关系。根据戴尔公司发送给黄某某的报销费用邮件(报销费用由戴尔公司审批)、休年假审批邮件(戴尔公司批准年假申请)、薪资调整通知邮件(薪资调整方案由戴尔公司作出)、经理工作要求邮件、职务升降通知邮件、工作交接邮件等证据,可以看出虽然信息是由被上诉人多城公司转达给被上诉人戴尔公司,但事项的决定权在被上诉人戴尔公司。据此,应该认定三方已构成劳务派遣的法律关系。

二、关于上诉人主张的同工同酬及赔偿金能否支持的问题。根据上述理由,上诉人黄某某、被上诉人多城公司、被上诉人戴尔公司三方构成劳务派遣法律关系,上诉人黄某某理应享受"同工同酬"待遇,但梅州地区只有一个城市经理岗位,除上诉人外没有戴尔公司的正式职工,上诉人主张同工同酬缺乏比较对象,且上诉人黄某某没有证据证明河源、汕头等其他同类或相似地区的戴尔公司的正式职工(城市经理岗位)薪资。据此,上诉人黄某某主张同工同酬及赔偿金,缺乏事实依据,不予支持。

【处理结果】

黄某某与多城公司和戴尔公司三方形成劳务派遣关系,而不是劳务外包关系。黄某某主张的同工同酬缺乏事实依据,法院不予支持。

【争议焦点】

黄某某、多城公司与戴尔公司三方的关系是劳务外包还是劳务派遣?黄某某能否主张同工同酬?

【案例评析】

劳务派遣是指用工单位与劳务派遣单位签订劳务派遣协议,劳务派遣单位派遣人员到用工单位从事用工单位安排的工作内容的一种用工形式;劳务外包是指企业将公司内的部分业务或职能工作内容发包给相关的机构,由其自行安排人员按照企业的要求完成相应的业务或职能工作内容。《劳务派遣暂行规定》第 4 条规定,用工单位应当严格控制劳务派遣用工数量,使用的被派遣劳动者数量不得超过其用工总量的 10%。超过上述比例的,最迟应于 2016 年 3 月 1 日前将比例降至 10% 以内。所以劳务派遣比例大的企业,大多数都选择了"外包"的用工方式。而劳务派遣与劳务外包并不是很好区分的,王泽鉴教授认为:劳动契约所属之雇佣契约与承揽契约在民法学理上同为"劳务性"契约,欲区分二者不无疑义。① 想要区分可以从以下几个方面考虑。第一,主体资质。劳务派遣单位应该获得劳动行政部门的行政许可,但在实务中往往没有获得许可的企业从事实质为劳务派遣的行为,因此不能仅凭单位没有劳务派遣资格就认为其行为不是劳务派遣。第二,合同标的。劳务派遣的合同标的是劳动力,而劳务外包的合同标的是劳务,两者之间是"做工"和"做好工"的差别,且劳务派遣一般按照派遣人数和时间长短来计算报酬,劳务外包则按照事先确定的劳务单价和完成的工作量来计算报酬。第三,实际控制。在劳务派遣中,用工单位对劳动者享有一定的管理指挥权;在劳务

---

① 王泽鉴:《民法概要》,北京大学出版社 2011 年版,第 299～300 页。

发包中,劳动者是承包方的员工,原则上发包方无管理权限。

本案中,一审法院从费用结算、用工管理、劳动合同签订等三方面认定原告和两被告之间的关系不属于劳务派遣而属于劳务外包。二审法院则认为黄某某相关事项的决定权属于戴尔公司,这是认定劳务派遣和劳务外包的一个重要区别,前者强调"管人",而后者则强调"管事",既然本案中有关员工事项的决定权(比如休息休假、薪资调整等)在被上诉人戴尔公司,因此认定三方已构成劳务派遣法律关系。

《劳动合同法》第63条规定,用工单位应当按照同工同酬原则,对被派遣劳动者与本单位同类岗位的劳动者实行相同的劳动报酬分配办法。但如果用人单位没有相同或相近的岗位,周边地区也没有相同或相近的岗位,则同工同酬怎么认定,这的确是一个问题。在本案中,上诉人黄某某(劳动者)、戴尔公司、多城公司三方若存在劳务派遣法律关系,上诉人当然应当享受同工同酬的待遇,但二审法院认为上诉人主张同工同酬缺乏比较对象,且上诉人黄某某没有证据证明其他同类或相似地区的戴尔公司的正式职工(城市经理岗位)薪资。据此,上诉人黄某某主张同工同酬及赔偿金,缺乏事实依据。

【核心法条链接】

《中华人民共和国劳动合同法》

第五十七条　经营劳务派遣业务应当具备下列条件:(一)注册资本不得少于人民币二百万元;(二)有与开展业务相适应的固定的经营场所和设施;(三)有符合法律、行政法规规定的劳务派遣管理制度;(四)法律、行政法规规定的其他条件。

经营劳务派遣业务,应当向劳动行政部门依法申请行政许可;经许可的,依法办理相应的公司登记。未经许可,任何单位和个人不得经营劳务派遣业务。

第五十八条　劳务派遣单位是本法所称用人单位,应当履行用人单位对劳动者的义务。劳务派遣单位与被派遣劳动者订立的劳动合同,除应当载明本法第十七条规定的事项外,还应当载明被派遣劳动者的用工单位以及派遣期限、工作岗位等情况。

劳务派遣单位应当与被派遣劳动者订立二年以上的固定期限劳动合同,按月支付劳动报酬;被派遣劳动者在无工作期间,劳务派遣单位应当按照所在地人民政府规定的最低工资标准,向其按月支付报酬。

第六十三条　被派遣劳动者享有与用工单位的劳动者同工同酬的权利。用工单位应当按照同工同酬原则,对被派遣劳动者与本单位同类岗位的劳动者实行相同的劳动报酬分配办法。用工单位无同类岗位劳动者的,参照用工单位所在地相同或者相近岗位劳动者的劳动报酬确定。

劳务派遣单位与被派遣劳动者订立的劳动合同和与用工单位订立的劳务派遣协议,载明或者约定的向被派遣劳动者支付的劳动报酬应当符合前款规定。

【实务操作建议】

在对劳务派遣进行严格控制的情况下,劳务外包在一定程度上是作为劳务派遣的替代,企业要灵活运用两种方式,降低用工成本,增强用工灵活性,减少劳动风险。为防范"假外包,真派遣"的情况,发包方首先应该确认承包方与劳动者是否签订了有限期内的合同;否则,发包方有着与劳动者被认定为事实劳动关系且支付双倍工资的风险。为了明确对劳动者的管理责任主体,劳务外包可以要求劳务承包单位遵守发包单位的安全管理以及规章制度,但是要说明由承包方根据规章制度对劳动者进行上下班时间、休假、加班、业绩、考核、处罚等日常管理,由承包方对劳动者直接行使指挥命令权,避免由发包方对劳动者直接进行指挥命令。

但企业还是要尽量避免"假外包,真派遣"的风险,因为如果用人单位名义上采用外包的业务模式,但实际上却按照劳务派遣用工形式使用劳动者,则不仅不能免除用工责任,还受劳务派遣相关法律的规制。企业应从自身状况出发,理性选择合适的用工方式,并根据阶段性的目标和具体状况主动进行动态的调整。企业的用工选择应当与其业务相匹配,用工方式是为企业的发展服务的,以正确的态度选择适用的用工方式,才能将效用发挥到最大。

同工同酬是劳动法确定的工资分配基本原则,即用人单位对于技术和劳动熟练程度相同的劳动者在从事同种工作时,不分性别、年龄、民族、区域等差别,只要提供相同的劳动量,就支付相同的劳动报酬。同时,同工同酬只是法律规定的一项原则,并非具体的实施标准,即单位针对同一工种应实行相同的薪酬办法,不能因人而异区别对待,但并非同一岗位不区分劳动量的大小及工作业绩情况而统一支付相同报酬。同工同酬问题在实务中的处理较为复杂,而之前的法律关于同工同酬的规定比较原则,缺乏可操作性标准,实践中,由于"同工"的衡量标准不确定、评价因素不统一等情况,导致同工同酬的法律基本原则难以落实,单位可以根据具体情况,包括劳动者的工龄、技能等确定同工同酬标准。

（撰稿人：陈雨涵）

七、劳动者属于特殊职位的人 未订立劳动合同的过错归责问题

【案情介绍】①

2018 年 12 月 3 日,原告何某入职被告深圳某环保设备有限公司东莞分公司处,任行政经理一职,主要负责人事管理工作,职责包括人员招聘、员工办理入职、组织员工签订劳动合同及后勤等,同时原告还负有保管人事档案的职责。原告主张被告未与其签订劳动合同,要求被告支付原告未签订劳动合同二倍工资差额。被告称其已与原告签订劳动合同,原告离职时自行带离劳动合同,但无法提供相应证据。

对于原告是否已经签订劳动合同,法院认为,被告主张其已与原告签订劳动合同,但原告离职时自行带离的理由不成立。根据工作常理,办理工作交接时交接的双方均应仔细核对交接的文件名称及数量。本案工作交接表上已注明交接的文件中包括人事档案,被告虽主张交接人员系新进人员,不清楚交接流程,但该抗辩不符工作常理,故法院对被告的该主张不予采纳,并认定原告已将其保管的人事档案全部交付给被告。被告作为用人单位,未提供证据证明其已与原告签订劳动合同,应承担举证不能的法律后果,法院据此认定双方未签订劳动合同。

对于未签订劳动合同的过错,法院认为,订立劳动合同属于双方行为,劳动者不能代表用人单位与本人自行签订劳动合同。但本案中原告的工作职责范围应该包括代表单位依照法律法规处理与劳动者之间劳动合同履行方面的相关事宜,避免单位因违反法律法规被追究法律责任,原告也明确其知晓订立书面劳动合同的相关规定及不订立书面劳动合同的法律后果。因此,原告有义务主动向被告要求订立书面劳动合同,但原告未提交证据证明

---

① 案例来源:中国裁判文书网,(2019)粤 1971 民初 25062 号。

其曾主动要求被告与其签订劳动合同。综上所述,结合原告的工作职责等综合考量,原告未签订劳动合同的过错不能归责于被告,故法院对于原告主张的未签订书面劳动合同的二倍工资的诉讼请求不予支持。

【处理结果】

法院判决确认原告何某与被告的劳动关系已解除,驳回原告的其他诉讼请求。

【争议焦点】

原被告是否签订劳动合同及未签订劳动合同的过错归责问题。

【案例评析】

首先,原被告是否签订劳动合同属于证据问题。一方面,工作交接表已清楚注明交接文件包括人事档案,可以证明原告已将其保管的人事档案全部交付于被告公司。另一方面,被告作为用人单位,未提供证据证明其已与原告签订劳动合同,应承担举证不能的法律后果。法院据此认定双方未签订劳动合同符合证据规则。

其次,未签订劳动合同的过错归责应结合双方的行为予以判断。用人单位未签订书面劳动合同需支付二倍工资,这一规则的立法目的是在现有劳动力市场供需关系下,在用人单位处于主导、强势地位的格局下,通过法律的强制性规定对劳动者给予倾斜保护,以书面合同的形式固定、明确劳动者的劳动权益。但是因为其中一部分工资属于惩罚性质,并非劳动者的劳动所得,回报率高,故而可能引发劳动者的道德风险,出现劳动者故意不签乃至故意找人代签的行为,这就偏离了二倍工资罚则的立法原意。

虽然《劳动合同法》没有明确规定用人单位和劳动者签订劳动合同过程中劳动者的配合义务,但根据《劳动合同法》第 3 条和第 16 条的规定,可以推出签订劳动合同是用人单位与劳动者的共同行为,二者需要协商一致、互相配合、共同完成,这也是诚实信用原则的应有之义。① 另外,通过对《劳动合同法》第 82 条进行目的解释和体系解释,可以推出只有因用人单位原因

---

① 涂富秀:《试论我国二倍工资罚则的不足与完善》,载《温州大学学报(社会科学版)》2011 年第 1 期。

未签订劳动合同才能对用人单位适用二倍工资罚则。[①]

　　本案中劳动者负责人事管理工作,负有特殊职责。人力资源管理者作为用人单位整个人力资源运行工作的负责人,从劳动者入职、劳动合同签订、试用期考核到劳动者培训、晋级再到劳动者离职的各项工作,都是其职责范围。因此,人力资源管理者不与用人单位签订劳动合同的不利后果不能由用人单位承受,更不能让其本人从自己的过错中获益,除非能够证明其已提出签订劳动合同的要求,用人单位具有恶意不签的事实。[②] 本案中劳动者未提交证据证明其曾主动要求被告与其签订劳动合同,因此,未签订书面劳动合同的过错不能归责于用人单位。

【核心法条链接】

《中华人民共和国劳动合同法》

　　第三条　订立劳动合同,应当遵循合法、公平、平等自愿、协商一致、诚实信用的原则。

　　第十条　建立劳动关系,应当订立书面劳动合同。

　　已建立劳动关系,未同时订立书面劳动合同的,应当自用工之日起一个月内订立书面劳动合同。

　　第十四条　用人单位自用工之日起满一年不与劳动者订立书面劳动合同的,视为用人单位与劳动者已订立无固定期限劳动合同。

　　第十六条　劳动合同由用人单位与劳动者协商一致,并经用人单位与劳动者在劳动合同文本上签字或者盖章生效。

　　第八十二条　用人单位自用工之日起超过一个月不满一年未与劳动者订立书面劳动合同的,应当向劳动者每月支付二倍的工资。

　　用人单位违反本法规定不与劳动者订立无固定期限劳动合同的,自应当订立无固定期限劳动合同之日起向劳动者每月支付二倍的工资。

【实务操作建议】

　　现实生活中,劳动者根据自身情况,考虑所从事工作的劳动力市场供求

---

　　① 赵洪印、赵军胜:《未签订劳动合同的人事经理不得主张双倍工资补偿》,载《人民司法》2012年第24期。

　　② 翁齐斌:《关于未签订书面劳动合同惩罚性规则法律探析》,载《法治论坛》2012年第1期。

和获利情况、工作岗位及其本人在用人单位的级别和职责等多种因素,其故意或过失不与用人单位签订劳动合同的现象是大量存在的。具体如一些企业的高级管理人员,对公司拥有部分控制权和管理权,其自身素质、能力和岗位使其对公司管理、经营中涉及的法律规定较为清楚,他们可利用自身的优势地位不与用人单位签订劳动合同,甚至隐匿或销毁劳动合同。本案中的人事经理就有可能存在利用职务便利不签订劳动合同,或隐匿或从档案中抽取自身劳动合同的情况。[①]

对于这些居于特殊岗位的人,用人单位一方面要尽可能地提醒他们行使自己与公司签订劳动合同的权利,若为人事经理等负有代表公司签订劳动合同的劳动者还要另外安排人员代表公司签订;另一方面,在他们离职交接工作时要细致认真,注意检查劳动合同是否有缺失情况,并及时记录和调查。否则,即使最终能胜诉,也会带来不必要的诉累。

（撰稿人:潘军宝）

---

① 赵洪印、赵军胜:《未签订劳动合同的人事经理不得主张双倍工资补偿》,载《人民司法》2012 年第 24 期。

八、劳动关系的认定

【案情介绍】①

肖某于 2013 年 4 月 1 日入职甲公司,双方签订劳动合同。劳动合同约定合同期限自 2013 年 4 月 1 日起至 2016 年 3 月 31 日止,工作岗位为基层管理。2017 年年底,乙公司收购甲公司。2018 年 3 月 22 日,乙公司任命肖某为物业部副部长,分管物业部安保工作。2018 年 5 月 26 日,乙公司通知肖某调至自营项目车友服务中心担任洗车工,并按照岗位发放相应工资待遇。其间,甲公司的公章均由乙公司保管。2019 年 2 月 25 日,甲公司向员工发通知,称乙公司以虚假收购为目的,骗取甲公司经营管理权,决定收回乙公司对甲公司的经营管理权,并表示对于愿意继续留下工作并服从管理的员工,承诺保持原有待遇和劳动关系不变。2017 年 6 月至 2018 年 4 月,肖某每月 15 日仍旧有工资收入,但未显示单位名称。其间,甲公司为肖某持续缴纳社会保险。

肖某认为将其调至自营店担任洗车工的行为带有侮辱性质,遂将甲公司诉至仲裁委。肖某称,2017 年 12 月后,其工作地点没有改变,一直在原甲公司工作场所工作,其浦发银行工资卡中的工资均由甲公司发放。肖某不忿于公司侮辱性的调岗,在 2018 年 5 月 27 日离职。

甲公司认为,肖某于 2017 年 12 月实际到乙公司工作,担任物业部副部长,劳动报酬亦转由该公司支付,该事实肖某也已自认。乙公司在 2018 年 5 月 26 日调整其工作岗位。可见,甲公司和肖某的劳动合同关系实际已于 2017 年 12 月终结,肖某自 2018 年 1 月起应当是与乙公司建立了劳动合同关系。对于 2018 年 5 月 26 日作出的调岗通知,虽然加盖了甲公司的公章,但是肖某已经自认调岗通知是由乙公司发出的。而根据甲公司向全体员工

---

① 案例来源:中国裁判文书网,(2019)粤 0402 民初 3587 号。

发出的通知,甲公司迟至 2019 年 2 月 25 日才收回经营管理权。因此,该通知作出时,乙公司仍然控制着甲公司的全部经营管理权,自然也掌握着包括肖某在内的人事任免权。甲公司和肖某在此期间并不存在劳动关系。

后肖某因双方存在劳动争议诉至法院。

【处理结果】

仲裁委裁决甲公司与肖某并不存在事实上的劳动关系。

法院判决驳回肖某的诉讼请求。

法院认为,虽然肖某的工作地点未变更,但由于乙公司已经控制甲公司的实际运营管理权,肖某的人事安排与甲公司并无关系。缴纳社保并非成立劳动关系的充分必要条件,故仅凭社保缴纳记录,尚不足以证实双方存在事实上的劳动关系。

【争议焦点】

肖某与甲公司是否存在事实上的劳动关系?

【案例评析】

本案主要涉及劳动关系的认定。劳动关系是指劳动力所有者(劳动者)与劳动力使用者(雇主或用人单位)之间,为实现劳动过程而发生的一方有偿提供劳动力由另一方用于同其生产资料相结合的生产关系。[1] 劳动关系的认定标志分为实质标志和形式标志。

实质标志是指劳动者和用人单位之间存在从属性,[2]包括组织从属性、人身从属性和经济从属性。根据原劳动和社会保障部《关于确立劳动关系有关事项的通知》第 1 条的规定,用人单位招用劳动者未订立书面劳动合同,但同时具备下列情形的,劳动关系成立:(1)用人单位和劳动者符合法律、法规规定的主体资格;(2)用人单位依法制定的各项劳动规章制度适用于劳动者,劳动者受用人单位的劳动管理,从事用人单位安排的有报酬的劳动;(3)劳动者提供的劳动是用人单位业务的组成部分。根据该条规定,认定劳动关系成立的四个因素是主体适格、劳动人事管理、劳动报酬支付、劳

---

[1] 王全兴:《劳动法》,法律出版社 2017 年版,第 33 页。
[2] 王全兴:《劳动法》,法律出版社 2017 年版,第 33 页。

动业务组成,体现了组织从属性、经济从属性等特征。

形式标志是反映劳动关系的形式特征的标志。原劳动和社会保障部《关于确立劳动关系有关事项的通知》第 2 条规定,认定双方存在劳动关系时可参照的凭证有工资支付凭证、记录(职工工资发放花名册)、缴纳各项社会保险费的记录;用人单位向劳动者发放的"工作证""服务证"等能够证明身份的证件;劳动者填写的用人单位招工招聘"登记表""报名表"等招用记录、考勤记录、其他劳动者的证言等。以上都属于形式标志。

在实践中,对于劳动关系的认定,有形式标志的,一般依形式标志认定;没有形式标志的或者形式标志和实质标志不一致的,依照实质标志认定。在本案中,也应依上述标准来确定劳动关系成立与否。肖某诉甲公司,认为其调岗行为侵犯其合法权益,但实际上,调岗系乙公司的行为,肖某与甲公司并不存在事实上的劳动关系。首先,甲乙公司签订的收购协议,使乙公司取得了甲公司的实际运营管理权,甲公司早已丧失员工的人事任免权,肖某已向乙公司提供劳务,人事、职务均由乙公司决定,双方具有从属性。其次,调岗通知上的公章虽由甲公司加盖,但由乙公司自认,公章由乙公司掌握。最后,肖某主张的由缴纳社保认定双方存在劳动关系不成立。缴纳社保并非成立劳动关系的充分必要条件,且实践中存在"挂靠"用人单位缴纳社保、社保关系变更迟延办理等各种实际情况,不能凭借是否缴纳社保判断劳动关系的成立与否。

劳动关系易于混淆的是以自然人为劳务提供劳动者的劳务关系。[①] 劳动关系的判断由上文中主体适格、劳动人事管理、劳动报酬支付、劳动业务组成四要件判断。而劳务关系在规范性法律文件中并没有清晰的界定。劳务关系是指劳动者为服务方提供特定劳动服务,被服务方依照约定支付报酬所产生的法律关系。一般来说,需要付出体力、脑力劳动或提供服务类的社会关系都可以认定为劳务关系。劳务关系主要取决于当事人的约定,没有法律强制规定的保护。根据浙江省高级人民法院《关于印发〈劳动争议案件疑难问题讨论纪要〉通知》,劳动关系和劳务关系的区别在于:一是劳动关系除了当事人之间债的要素之外,还含有身份的、社会的要素,而劳务关系则是一种单纯的债务关系;二是劳动关系当事人之间的关系一般较为稳定,而劳务关系当事人之间的关系则往往具有"临时性、短期性、一次性"等特

---

① 王全兴:《劳动法》,法律出版社 2017 年版,第 38 页。

点;三是劳动关系中,当事人之间存在管理与被管理、支配与被支配的社会关系,劳务关系的当事人之间则不存在上述关系,而是平等主体之间的合同关系;四是劳动关系中,劳动者的职务行为由用人单位承担责任,劳务关系中各自承担责任,双方可在协议中约定。本案中,肖某与公司间存在管理与被管理的关系,双方存在劳动关系。

【核心法条链接】

原劳动和社会保障部《关于确立劳动关系有关事项的通知》

一、用人单位招用劳动者未订立书面劳动合同,但同时具备下列情形的,劳动关系成立。

(一)用人单位和劳动者符合法律、法规规定的主体资格;

(二)用人单位依法制定的各项劳动规章制度适用于劳动者,劳动者受用人单位的劳动管理,从事用人单位安排的有报酬的劳动;

(三)劳动者提供的劳动是用人单位业务的组成部分。

二、用人单位未与劳动者签订劳动合同,认定双方存在劳动关系时可参照下列凭证:

(一)工资支付凭证或记录(职工工资发放花名册)、缴纳各项社会保险费的记录;

(二)用人单位向劳动者发放的"工作证""服务证"等能够证明身份的证件;

(三)劳动者填写的用人单位招工招聘"登记表""报名表"等招用记录;

(四)考勤记录;

(五)其他劳动者的证言等。

其中,(一)、(三)、(四)项的有关凭证由用人单位负举证责任。

《中华人民共和国民事诉讼法》

第六十七条 当事人对自己提出的主张,有责任提供证据。

当事人及其诉讼代理人因客观原因不能自行收集的证据,或者人民法院认为审理案件需要的证据,人民法院应当调查收集。人民法院应当按照法定程序,全面地、客观地审查核实证据。

【实务操作建议】

用人单位与劳动者建立劳动关系需签订书面劳动合同。我国劳动关系的认定标准主要遵循从属性认定理论。用人单位招用劳动者未订立书面劳动合同,但具备下列情形的,劳动关系成立:一是用人单位和劳动者符合法律、法规规定的主体资格;二是用人单位依法制定的各项劳动规章制度适用于劳动者,劳动者受用人单位的劳动管理,从事用人单位安排的有报酬的劳动;三是劳动者提供的劳动是用人单位业务的组成部分。若符合上述条件,劳动者与用人单位之间成立劳动关系。劳动关系双方权利义务以国家强制性法律规范进行规范。

司法实务中,对于劳动关系的认定遵循对劳动者倾斜保护的理念,如果用人单位不能举证证明双方不具备从属性等要件,用人单位须承担相应的法律责任。劳动者也有权基于劳动关系的成立申请仲裁或诉讼,维护自身的合法权益。

(撰稿人:盛蕙婷)

九、转包的责任承担

【案情介绍】①

某公司承建了中山市小榄镇联丰村梁某住宅的土建工程,后将该工程分包给潘某,潘某再将该工程中的木工工程分包给陈某,陈某又将木工工程分包给张某。姚某由张某雇请做工,潘某、陈某、张某均未领营业执照。

2015年5月8日8时左右,姚某在某公司承建的中山市小榄镇联丰村梁某住宅工地工作时从高处摔下受伤。事发后,姚某在各个医院住院共计125天。

2016年7月8日,中山市人力资源和社会保障局认定姚某此次受伤为工伤,某公司应承担工伤保险责任。

2017年8月31日,中山市劳动能力鉴定委员会鉴定姚某为二级伤残、三级护理依赖。2018年3月1日,中山市劳动能力鉴定委员会确认姚某的停工留薪期为24个月。故姚某请求裁决,要求某公司承担各类赔偿。中山市劳动人事争议仲裁委员会在仲裁过程中支持了其部分请求,姚某不服,向中山市人民法院提起诉讼。一审法院查明后,支持了姚某的部分诉讼请求,对于没有相应证据的请求未予认定。后潘某不服,提起上诉,主张其与姚某并不存在雇佣关系,不应承担本案工伤赔偿责任。

二审法院根据上诉人的诉讼请求对相关事实进行认定,本案为工伤保险待遇纠纷,姚某所受的伤被认定为工伤,依法应当享有相应的工伤保险待遇,某公司、潘某、陈某、张某违法分包或者转包,应当向姚某承担相应的民事赔偿责任。

本案工伤保险待遇赔偿与潘某所提出的商业保险理赔款是两个不同的法律关系,潘某也并未提供证据证明其主张的64万元理赔款应从本案工伤保险待遇款项中扣除。

---

① 案例来源:中国裁判文书网,(2018)粤2072民初10940号、(2019)粤20民终3223号。

【处理结果】

二审法院认定某公司、潘某、陈某、张某应对姚某的工伤保险待遇承担连带赔偿责任。

【争议焦点】

劳动者与违法发包、转包用人单位之间是否成立劳动关系？非建筑、矿山领域用人单位违法发包是否应承担工伤赔偿责任？工伤事故认定的条件和赔偿范围与劳动关系中的工伤赔偿有何区别？

【案例评析】

在劳动用工实践中，用人单位尤其是建设工程公司违法将工程发包、转包给不具备用工主体资格的组织或自然人，然后由该组织或自然人雇佣劳动者从事雇佣活动的现象长期大量存在。发包、转包单位通过转手轻松获得不法收益，市场秩序却因此混乱，建设领域安全事故频发，工程质量堪忧，劳动者权益受到侵犯却无法主张或难以主张。用人单位的"隐身"和包工头的"在场"导致劳动关系模糊化，用人单位的劳动法义务被规避，劳动者陷入"权利迷局"，维权之路艰难曲折。

2005年，劳动和社会保障部发布的《关于确立劳动关系有关事项的通知》第4条规定：建筑施工、矿山企业等用人单位将工程（业务）或经营权发包给不具备用工主体资格的组织或自然人，对该组织或自然人招用的劳动者，由具备用工主体资格的发包方承担用工主体责任。可见，如果将建设工程项目违法发包、转包或分包给不具有用工主体资格的自然人或组织，由实施违法发包、转包和分包行为的上一级具有用工主体资格的建设单位承担工伤责任。

2014年，最高人民法院颁布的《关于审理工伤保险行政案件若干问题的规定》第3条规定：社会保险行政部门认定下列单位为承担工伤保险责任单位的，人民法院应予支持：……（四）用工单位违反法律、法规规定将承包业务转包给不具备用工主体资格的组织或自然人，该组织或自然人聘用的职工从事承包业务时因工伤亡的，用工单位为承担工伤保险责任的单位。在该案件中，违法发包、转包者与劳动者之间并无订立劳动关系的合意，也没有实际发生用工关系，不符合劳动关系的成立要件。

　　劳动者只与实际雇佣他的包工头之间存在劳务关系,用工主体责任和工伤赔偿责任都是一种实体上的责任,承担用工主体责任并不当然意味着存在劳动关系,双方是否存在劳动关系,仍应看其是否符合劳动关系成立的要件。劳动者经不具备用工主体资格的组织或者自然人招用,出现因工伤亡情形时,可要求前述承包单位承担工伤保险责任,不以该承包单位与伤亡劳动者之间存在劳动关系为前提。《2011年全国民事审判工作会议纪要》第59条作出进一步释明的答复中也明确否定了违法发包者与劳动者之间劳动关系的存在,认为不能为了达到制裁违法发包、分包或者转包行为的目的,就可以任意超越《劳动合同法》的有关规定,强行认定本不存在的劳动关系。此外,有些地方高级人民法院出台的审判指导意见也持这种观点。《最高人民法院关于审理人身损害赔偿案件适用法律若干问题的解释》第11条第2款规定:雇员在从事雇佣活动中因安全生产事故遭受人身损害,发包人、分包人知道或者应当知道接受发包或者分包业务的雇主没有相应资质或者安全生产条件的,应当与雇主承担连带赔偿责任。上述规定对于违法发包、转包工伤赔偿制度具有启示借鉴意义。

　　在违法发包、转包工伤赔偿案件中,部分劳动者认为自己与违法发包、转包用人单位之间存在劳动关系,因此,除了主张工伤赔偿之外,往往还要求违法发包、转包方支付未签订书面劳动合同的双倍工资、加班工资、社会保险金、解除劳动合同的经济补偿金等。正如前文所言,由于双方并不存在劳动关系,因此违法发包、转包用人单位无须向劳动者承担上述纯粹基于劳动关系而产生的义务,这一点不容置疑。

【核心法条链接】

《中华人民共和国劳动合同法》

　　第九十四条　个人承包经营违反本法规定招用劳动者,给劳动者造成损害的,发包的组织与个人承包经营者承担连带赔偿责任。

《最高人民法院关于审理工伤保险行政案件若干问题的规定》

　　第三条　社会保险行政部门认定下列单位为承担工伤保险责任单位的,人民法院应予支持:

　　(一)职工与两个或两个以上单位建立劳动关系,工伤事故发生时,职工为之工作的单位为承担工伤保险责任的单位;

　　(二)劳务派遣单位派遣的职工在用工单位工作期间因工伤亡的,派遣

单位为承担工伤保险责任的单位;

(三)单位指派到其他单位工作的职工因工伤亡的,指派单位为承担工伤保险责任的单位;

(四)用工单位违反法律、法规规定将承包业务转包给不具备用工主体资格的组织或者自然人,该组织或者自然人聘用的职工从事承包业务时因工伤亡的,用工单位为承担工伤保险责任的单位;

(五)个人挂靠其他单位对外经营,其聘用的人员因工伤亡的,被挂靠单位为承担工伤保险责任的单位。

前款第(四)、(五)项明确的承担工伤保险责任的单位承担赔偿责任或者社会保险经办机构从工伤保险基金支付工伤保险待遇后,有权向相关组织、单位和个人追偿。

《广东省工伤保险条例》

第四十条　用人单位实行承包经营的,工伤保险责任由职工劳动关系所在单位承担。

用人单位实行承包经营,使用劳动者的承包方不具备用人单位资格的,由具备用人单位资格的发包方承担工伤保险责任。

非法承包建筑工程发生工伤事故,劳动者的工伤待遇应当由分包方或者承包方承担,分包方或者承包方承担工伤保险责任后有权向发包方追偿。职工被借调期间受到工伤事故伤害的,由原用人单位承担工伤保险责任,但原用人单位与借调单位可以约定补偿办法。

【实务操作建议】

在工程转包过程中,用人单位转包或者分包给无资质组织,发包的组织与个人承包经营者承担连带赔偿责任,不能以其与劳动者不具有劳动关系而拒绝赔偿。劳动者在主张赔偿时,应当依据相应的赔偿标准,并且提供相应的证明,否则,用人单位可以拒绝赔偿。

(撰稿人:吴俊男)

十、挂靠关系双方主体之间的
内部协议能否对抗劳动者

【案情介绍】①

　　佛山市某酒店是一家经营范围包括旅游业、中西餐制售、洗浴及保健按摩服务等服务项目的企业。朱某于 2017 年 4 月 22 日签订一份劳动合同，该合同首部"甲方"（用人单位）处以打印字体载明用人单位名称为佛山市某酒店及其相应通信地址，"乙方"（劳动者）处以手写方式载明朱某的具体身份信息和联系电话；合同主文约定合同期限从 2017 年 4 月 22 日起至 2018 年 4 月 21 日止、乙方工作部门为"楼面"及工作地点、乙方正常工作时间以及工资具体数额等。上述合同首部"甲方"（用人单位）处及尾部"甲方"落款处加盖"佛山市某酒店中餐部"（以下简称"中餐部"）字样的印章，朱某在合同尾部"乙方"处签名确认。

　　何某与某酒店曾签订《合伙协议书》，约定合伙承办经营佛山市某酒店附属的中餐项目、合伙项目挂靠某酒店经营、使用某酒店的营业执照、合伙期限共 15 年等事宜。中餐部因自身原因于 2018 年 1 月 10 日结束营业。朱某于 2018 年 1 月 10 日离职，随后朱某向佛山市禅城区劳动人事争议仲裁委员会申请仲裁，请求某酒店向朱某支付经济补偿金，裁决结果②认定某酒店与朱某之间存在劳动合同关系，某酒店自裁决生效之日起 5 日内向朱某支付解除劳动关系的经济补偿。

　　2018 年 5 月 15 日，某酒店收到仲裁裁决书后，于 2018 年 5 月 28 日向法院提起诉讼。一审法院认为③，中餐部并未依法进行登记，不具有用人单

---

①　案例来源：中国裁判文书网，(2018)粤 06 民终 12550 号。

②　参见佛禅劳人仲案非终字(2018)第 227 号。

③　参见佛山市禅城区人民法院(2018)粤 0604 民初 14949 号。

位的主体资格,而某酒店具备用人单位的主体资格,对外可以自己名义招聘劳动者。按某酒店及何某、区某的陈述,中餐部与某酒店存在挂靠关系,但中餐部系借用某酒店的营业执照进行经营,其与某酒店之间的挂靠关系属内部关系,两者之外的第三人对此难以知悉,且中餐部经营场所位于某酒店登记的经营场所内,中餐部名称亦加冠"佛山市某酒店"的字样,足以使他人产生中餐部系某酒店下属部门的认知,同时并无证据证实相关人员在招聘朱某时已将挂靠情况明示告知,在此情况下,可认定入职的劳动者有较为充分的理由相信相关人员系代表某酒店对外招聘,辅以各种其他日常经营活动中的证据,应认定朱某与某酒店存在劳动关系。某酒店不服,提起上诉。

【处理结果】

二审法院认为某酒店所提交的证据不足以证明朱某知晓其入职及工作的中餐部是挂靠某酒店经营,而《合伙协议书》等约定是某酒店与中餐部的内部协议约定,不能对抗善意第三人,因此驳回上诉,维持原判。

【争议焦点】

某酒店与朱某之间是否存在劳动关系?某酒店是否需要向朱某支付解除劳动关系的经济补偿金?挂靠关系双方主体之间的内部协议能否对抗劳动者?

【案例评析】

挂靠目前主要出现在我国建筑领域,《中华人民共和国民法典》(以下简称《民法典》)目前虽尚未有相关规定,但学界的定义基本一致,且主要在建筑行业和运输行业。现以建筑行业的挂靠为例进行说明。所谓挂靠,是指具备相应资质条件的建筑企业等出借资质证书、执业资格证书、职称证书给不具备资质或资质等级不够的建筑施工方,并允许以其名义对外承揽工程施工任务,并定期向该建筑企业上交一定费用的行为。《建筑工程施工转包违法分包等违法行为认定查处管理办法(试行)》第 10 条规定,挂靠"是指单位或个人以其他有资质的施工单位的名义,承揽工程的行为",无论挂靠作何定义,我国目前对挂靠行为是持偏否定态度的。《中华人民共和国建筑法》第 26 条规定:"禁止以任何形式用其他建筑施工企业名义承揽工程,禁止建筑施工企业以任何形式允许其他单位或个人使用本企业的资质证书、营业执照,以本企业的名义承揽工程。"从许多建筑工程挂靠案件的判例中可以看出,挂靠人的独立地位一般很难被承认。对于挂靠合同的有效性认定问题,石佳友教授提出,《关于审理建设工程施工合同纠纷案件适用法律问题的解释(二)》第4条①既然允许发包人与挂靠人承担连带赔偿责任,实际上隐含承认了挂靠形成的合同具有效力。②

《道路旅客运输及客运站管理规定》对"挂靠经营"进行了界定:挂靠经营是指道路客运车辆的机动车登记证书及行驶证的所有(权)人不具备道路客运经营资质,但以其他具备资质的企业名义从事道路旅客运输经营活动的行为。挂靠经营者的相关经营行为由被挂靠的企业承担相应的法律责任。关于侵权责任的承担,《最高人民法院关于审理道路交通事故损害赔偿案件适用法律若干问题的解释》第3条规定,以挂靠形式从事道路运输经营活动的机动车发生交通事故造成损害,属于该机动车一方责任,当事人请求由挂靠人和被挂靠人承担连带责任的,人民法院应予支持。《民法典》也持同样意见,其第1211条规定:以挂靠形式从事道路运输经营活动的机动车,发生交通事故造成损害,属于该机动车一方责任的,由挂靠人和被挂靠人承担连带责任。

在挂靠法律关系中,劳动者与被挂靠单位是否建立劳动关系,最高人民法院明确,二者之间不构成劳动关系。《最高人民法院关于车辆实际所有人聘用的司机与挂靠单位之间是否形成事实劳动关系的答复》(〔2013〕民一他字第16号)明确:"个人购买的车辆挂靠其他单位且以挂靠单位的名义对外经营的,根据2008年1月1日起实施的劳动合同法规定的精神,其聘用的司机与挂靠单位之间不具备劳动关系的基本特征,不宜认定其形成了事实劳动关系。"对于工伤所导致的赔偿责任,最高人民法院以及人力资源和社会保障部等都曾颁布过多个文件。原劳动和社会保障部颁布的《关于确立劳动关系有关事项的通知》第4条规定:"建筑施工、矿山企业等用人单位将工程(业务)或经营权发包给不具备用工主体资格的组织或自然人,对该组

---

① 《关于审理建设工程施工合同纠纷案件适用法律问题的解释(二)》第4条规定:缺乏资质的单位或者个人借用有资质的建筑施工企业名义签订建设工程施工合同,发包人请求出借方与借用方对建设工程质量不合格等因出借资质造成的损失承担连带赔偿责任的,人民法院应予支持。

② 石佳友:《〈民法典〉建设工程合同修订的争议问题》,载《社会科学辑刊》2020年第6期。

织或自然人招用的劳动者,由具备用工主体资格的发包方承担用工主体责任。"从该规定中可知,被挂靠单位应当承担用工主体责任,这似乎可以看出劳动者与被挂靠单位之间存在劳动关系,因为只有劳动者与用人单位建立了劳动关系,用人单位才可能对劳动者承担相应的"用工主体责任"。人力资源社会保障部于 2013 年颁布的《关于执行〈工伤保险条例〉若干问题的意见》第 7 条规定:"具备用工主体资格的承包单位违反法律、法规规定,将承包业务转包、分包给不具备用工主体资格的组织或者自然人,该组织或者自然人招用的劳动者从事承包业务时因工伤亡的,由该具备用工主体资格的单位依法承担工伤保险责任。"《最高人民法院关于审理工伤保险行政案件若干问题的规定》第 3 条规定,个人挂靠其他单位对外经营,其聘用的人员因工伤亡的,被挂靠单位为承担工伤保险责任的单位。承担工伤保险责任的单位承担赔偿责任或者社会保险经办机构从工伤保险基金支付工伤保险待遇后,有权向相关组织、单位和个人追偿。以上规定将被挂靠单位的责任限定为"工伤保险责任",而不是"用工主体责任"。可见,工伤保险不必以劳动关系作为前提条件,这是对传统工伤保险的一种突破。

本案不属于前面所述的挂靠类型。中餐部与某酒店签订的《合伙协议书》可认为是挂靠协议,而本案的争议焦点也就是挂靠关系双方主体之间的内部协议能否对抗劳动者?在这个问题上,结合各地法院做法,在大量挂靠纠纷案件中,表见代理的认定至关重要。《民法典》规定,行为人没有代理权、超越代理权或者代理权终止后,仍然实施代理行为,相对人有理由相信行为人有代理权的,代理行为有效。而在本案中,中餐部与某酒店签有《合伙协议书》,同时中餐部也是用某酒店的牌子进行营业,无论其是否真的享有代理权,其完全有被授予代理权的表象。同时,中餐部的员工在日常经营活动中也经常参与到某酒店的管理活动中,足以使员工相信他们受雇于某酒店。

而本案的另一争议焦点在于,某酒店与中餐部之间的合同相对性问题。合同相对性是指合同在合同相对人之间产生拘束力,非合同当事人不得请求合同权利,也不必承担合同义务。① 合同相对性原则是合同法的基石,二审法院在最后判决书中也认为,某酒店所提交的证据不足以证明其已经向

---

① 丁保国:《合同相对性原则及突破在建设工程合同纠纷中的司法适用》,西南政法大学 2014 年硕士论文。

朱某履行了告知义务,告知某酒店与中餐部之间的挂靠关系而朱某只是受雇于中餐部,因此某酒店与中餐部之间的约定不能对抗朱某,即便某酒店主张其与中餐部之间的协议已明确约定工资发放事宜,朱某属于善意第三人,不受该约定约束。

【核心法条链接】

《中华人民共和国民法典》

第一百六十五条　委托代理授权采用书面形式的,授权委托书应当载明代理人的姓名或者名称、代理事项、权限和期限,并由被代理人签名或者盖章。

第一百七十二条　行为人没有代理权、超越代理权或者代理权终止后,仍然实施代理行为,相对人有理由相信行为人有代理权的,代理行为有效。

【实务操作建议】

1.对外分包时应注意对方的主体资格。由于挂靠本身的法律效力待定性,若因挂靠人过错需要承担法律责任,很有可能牵连被挂靠人。我国目前法律有关于合法分包的具体规定,在实务操作中须注重分包人的资质问题,以防患于未然。

2.注意代理权问题。对于授予使用公司名称或者其他相关权利时,应注意区分代理权界限,并出具相关通知或者及时告知相对人。如及时以公告的方式在公司公布等,以防止承担表见代理所带来的法律责任。

3.关于突破合同的相对性问题。对于公司与其他人签订的合同,若涉及第三人利益,需及时告知或询问,我国目前已有突破合同相对性,寻求当事人真实意思表示的趋势。同时须提高证据意识,保留相关证据,以证明案件事实和相关人的真实意思表示。

（撰稿人:周湖勇　易天宇）

十一、派遣单位和用工单位的责任承担问题

【案情介绍】①

　　魏某是某劳务派遣公司派遣到某电子制品公司的一名员工,于 2018 年 10 月 9 日入职,任职操作员。当时某劳务派遣公司并没有为魏某购买社保。魏某在工作中接触化学物品胶水,导致感染皮肤疾病。2018 年 11 月 2 日,魏某去东莞市医院治疗,被诊断为化学品接触性皮炎,医生建议休息治疗。2019 年 4 月 18 日,广东省职业病防治院出具职业病诊断证明书,认定魏某患有职业性变应(过敏)性接触性皮炎。魏某自 2018 年 11 月 2 日后连续向某电子制品公司请假治疗。某电子制品公司称自 2018 年 11 月 30 日开始魏某未再出示请假证明,公司相关管理人员向某劳务派遣公司反映魏某的情况。某劳务派遣公司于 2018 年 12 月 7 日和 2018 年 12 月 22 日两次发函通知魏某,魏某既没有返回岗位也没有按厂规厂纪办理相关的休假手续。于是,某劳务派遣公司决定解除劳动合同,将魏某除名,某劳务派遣公司未对魏某进行离岗前职业健康检查。

　　2018 年 12 月 26 日,某电子制品公司因魏某违反厂规厂纪且连续旷工 15 日,决定解除与魏某的劳动合同,不向魏某支付各项费用。魏某认为派遣单位和用工单位违法解除劳动合同且对方拒绝承担责任支付医疗费及各种费用,双方产生了劳动争议。魏某于 2018 年 12 月向东莞市劳动人事争议仲裁院东城仲裁庭申请劳动仲裁,但魏某因不服仲裁裁决的结果,决定将某劳务派遣公司和某电子制品公司诉至广东省东莞市第一人民法院,请求确认与某劳务派遣公司的劳动关系继续存在,请求某劳务派遣公司和某电子制品公司共同支付相关费用。

---

　　①　案例来源:中国裁判文书网,(2019)粤 1971 民初 4831 号、(2021)粤 19 民终 9096 号。

【处理结果】

确认魏某和某劳务派遣公司之间存在劳动关系。判决某劳务派遣公司于该判决发生法律效力之日起 5 日内向魏某支付 2018 年 11 月 2 日至 2019 年 2 月 28 日期间的工资及各种费用共计 20692.15 元,并驳回魏某其他的诉讼请求。

【争议焦点】

派遣单位和用工单位的责任承担问题。

【案例评析】

依据《中华人民共和国职业病防治法》(以下简称《职业病防治法》)第 35 条的规定,对于未进行离岗前的职业健康检查的劳动者,用人单位不得解除或者终止与其订立的劳动合同。在该案中,某劳务派遣公司未对魏某进行离岗前职业健康检查,其解除与魏某的劳动合同属于违法解除劳动合同,魏某与某劳务派遣公司的劳动关系继续存在。依据《职业病防治法》第 59 条的规定,劳动者被诊断患有职业病,但用人单位没有依法参加工伤保险的,其医疗和生活保障由该用人单位承担。在该案中,魏某被广东省职业病防治院诊断出患有职业性变应(过敏)性接触性皮炎,某劳务派遣公司并没有为魏某依法参加工伤保险,某劳务派遣公司和某电子制品公司应当共同承担魏某因职业病进行相关检查治疗的费用。

依据《工伤保险条例》第 33 条的规定,职工因工作遭受事故伤害或者患职业病需要暂停工作接受工伤医疗的,在停工留薪期内,原工资福利待遇不变,由所在单位按月支付。在该案中,魏某因在工作期间患有职业病,于 2018 年 11 月 2 日至 2019 年 2 月 28 日期间需要暂停工作接受治疗。在这期间属于停工留薪期,某劳务派遣公司和某电子制品公司都不能解除劳动合同,某劳务派遣公司应当按月支付魏某的工资福利。

【核心法条链接】

《中华人民共和国职业病防治法》

第三十五条　对从事接触职业病危害的作业的劳动者,用人单位应当按照国务院卫生行政部门的规定组织上岗前、在岗期间和离岗时的职业健康检查,并将检查结果书面告知劳动者。职业健康检查费用由用人单位承担。

第五十九条 劳动者被诊断患有职业病,但用人单位没有依法参加工伤保险的,其医疗和生活保障由该用人单位承担。

《工伤保险条例》

第三十三条 职工因工作遭受事故伤害或者患职业病需要暂停工作接受工伤医疗的,在停工留薪期内,原工资福利待遇不变,由所在单位按月支付。

《中华人民共和国劳动合同法》

第六十二条 用工单位应当履行下列义务:

(一)执行国家劳动标准,提供相应的劳动条件和劳动保护;

(二)告知被派遣劳动者的工作要求和劳动报酬;

(三)支付加班费、绩效奖金,提供与工作岗位相关的福利待遇;

(四)对在岗被派遣劳动者进行工作岗位所必需的培训;

(五)连续用工的,实行正常的工资调整机制。

用工单位不得将被派遣劳动者再派遣到其他用人单位。

【实务操作建议】

1.用工单位和派遣单位应当在劳动者入职后为其购买工伤保险,进行职业健康检查。派遣单位和用工单位对于劳动者的劳动报酬等费用共同承担法律责任。劳动者因工受伤或患有职业病,由此产生相关的医疗费用及劳动报酬等费用应由派遣单位和用工单位共同承担。被派遣劳动者在用工单位因工作遭受事故伤害的,劳务派遣单位应当依法申请工伤认定,用工单位应当协助工伤认定的调查核实工作。

2.劳动者处于停工留薪期时,派遣单位与用工单位不能解除与劳动者的劳动合同,且保持原来的工资福利待遇不变。

3.用工单位违反有关劳务派遣规定并给劳动者造成损害,派遣单位与用工单位应当承担连带责任。

(撰稿人:刘 蕊)

第二编 在职管理

一、试用期约定要合法

【案情介绍】①

2018年11月16日,原告刘某与被告某度假酒店建立劳动关系,任职被告餐饮部西厨厨师长,合同约定期限自2018年11月17日至2021年11月16日止。2019年1月27日,被告以原告在试用期内被证明不符合录用条件为由,提前3天通知原告,劳动合同关系自2019年1月30日解除;原告于2019年1月28日收到上述通知,但表示不认可该通知。双方对以下事实当庭予以确认:原告入职时间为2018年11月17日;离职前月平均工资为8100元;离职时间为2019年1月30日。

原被告签订的《劳动合同补充协议书》第1条规定:"本合同试用期为2～6个月,试用期从2018年11月17日开始,掌握岗位基本技能并通过新员工入职考试后由部门提交转正申请,试用期最长不超过6个月。"根据《劳动合同法》第19条的规定,同一用人单位与同一劳动者只能约定一次试用期,本案中被告作为用人单位与原告约定试用期2～6个月,未明确试用期期限,实际上免除了用人单位自己的法定责任,让用人单位享有任意变更试用期的权限,排除劳动者权利,根据《劳动合同法》第26条的规定,《劳动合同补充协议书》中试用期2～6个月的约定,应为无效条款。原告主张被告

---

① 案例来源:中国裁判文书网,深鹏劳人仲(大鹏)案〔2019〕6号仲裁裁决书,(2019)粤03民终22309号。

承诺试用期为1个月,原告与被告酒店餐饮经理向某微信聊天记录显示,法院确认双方试用期为1个月。原被告劳动期限为3年,原告自2018年11月17日上班至2019年1月30日止,已经实际履行试用期2个月14天,未超出《劳动合同法》第19条规定的法定试用期6个月,不符合《中华人民共和国劳动合同法》第83条之情形,故原告有关试用期的赔偿金主张,法院不予支持。

被告是否违法解除劳动合同? 原被告试用期应为1个月,原告已于2018年12月17日开始转正,被告作为用人单位于2019年1月27日以原告在试用期内被证明不符合录用条件为由,提前3天通知原告劳动合同关系自2019年1月30日解除,属于违法解除劳动合同。原告据此主张被告支付赔偿金,根据《劳动合同法》第47条、第87条的规定计付赔偿金为1个月工资8100元(双方庭审时确认离职前平均工资为8100元)。

【处理结果】

被告某度假酒店在本判决生效之日起10日内支付原告刘某违法解除劳动合同赔偿金8100元,被告某度假酒店在本判决生效之日起10日内支付原告刘某工作日加班工资16315.32元。

【争议焦点】

本案的主要争议焦点之一在于劳动者与用人单位在劳动合同中所签订的试用期条款是否合法? 被告以原告在试用期为由解除劳动合同是否构成违法解除?

【案例评析】

《劳动合同法》第19条规定:劳动合同期限3个月以上不满1年的,试用期不得超过1个月;劳动合同期限1年以上不满3年的,试用期不得超过2个月;3年以上固定期限和无固定期限的劳动合同,试用期不得超过6个月。同一用人单位与同一劳动者只能约定一次试用期。以完成一定工作任务为期限的劳动合同或者劳动合同期限不满3个月的,不得约定试用期。试用期包含在劳动合同期限内。劳动合同仅约定试用期的,试用期不成立,该期限为劳动合同期限。本案中被告作为用人单位与原告约定试用期2~6个月,未明确试用期期限,实际上免除了用人单位自己的法定责任,让用人单位享有任意变更试用期的权限,排除劳动者权利。因此,《劳动合同补充协议书》中试用期 2～6 个月的约定,应为无效条款。原告主张被告承诺试用期为 1 个月为有效请求。而劳动合同期限为 3 年,原告自 2018 年 11 月 17 日上班至 2019 年 1 月 30 日止,劳动合同期限已经履行 1 年 2 个月,早已过了 1 个月的试用期。因此,被告以"《劳动合同法》第 37 条规定:在试用期间被证明不符合录用条件的,用人单位可以解除劳动合同"为理由解除劳动合同不予支持,当属违法解除劳动合同。

　　用人单位以劳动者试用期不符合录用条件为由解除劳动合同,存在很多的法律风险,作为用人单位,如何预防和避免类似的法律风险? 如何制定和运用试用期录用条件?《劳动合同法》第 39 条第 1 款第 1 项规定:"在试用期间被证明不符合录用条件的。"这一条实际上给用人单位正常用工增加了一层保障,因此用人单位应当善于管理处于试用期的劳动者。录取条件设置很重要,对此在实践中有两种错误观点:第一种观点认为试用期的录用条件相当于用工条件,用人单位在试用期期限内所要考察的主要是劳动者在签订劳动合同时所提供的证明其符合用工条件的材料是否真实,只有当劳动者的真实水平与其所称不符或是存在弄虚作假的情形之时用人单位才可以此为理由认定劳动者不符合录用条件。与之相对应的观点认为,用人单位在试用期内对劳动者的考察应当是全方位综合性的考察,不单单要评估其工作水平,更主要的是对其道德品质工作态度交流才能等主观方面的考察。用人单位当然能够以自己的主观价值判断来认定劳动者不符合录用条件。第一种观点将试用期的录用条件与用工条件简单等同,失去了劳动者和用人单位双方主体"彼此了解、互相考察"的意义,法律规定的试用期也就失去了存在的意义且这一观点也极大地限制了用人单位在约定的试用期期间的正当权利。第二种观点扩大了用人单位对录用条件规定随意决定的权力极有可能导致用人单位在试用期内出现任意解除劳动合同,甚至设置试用期陷阱的情况。为节省用工成本在试用期即将结束之时以所谓"不符合录用条件"为由辞退一批员工而另招新工,这显然是对劳动者利益的侵犯,不符合《劳动合同法》维护劳动者合法权益的立法初衷。综上,劳动合同试用期内的录用条件应当符合劳动法律法规的规定,并结合劳动者在这一期间内主客观各项综合因素的表现确定。具体而言,用人单位当应注意以下几个方面:

　　第一,用人单位招聘时设定合法、明确、可考核的录用条件。录用条件的设定首先要符合相关法律的规定,不能将法律禁止的内容写进录用条件中,同时设定合法明确的录用标准,录用条件一定要明确、具体,做到普遍性和特殊性相结合,不能空泛,没有实际考核性。

第二,用人单位应建立完善可行的考核制度。用人单位应建立完善、具有量比化的可行考核制度,对各项考核制度要做到细化,提出具体达标要求。

第三,试用期内解除合同应做好证据固定。在录用条件明确约定于劳动合同中时,用人单位应保存劳动者不符合录用条件的证据,包括不限于书面的考核报告、工作记录、视频等其他相关证据。用人单位应于试用期届满前发出不符合录用标准的解除劳动合同通知,并送达劳动者。

本案被告用人单位将试用期约定 2~6 个月属于违法约定,同时在劳动者履行劳动合同 1 年多后再以试用期不合格为由解除劳动合同,当然不会被仲裁机构和法院所采纳。

【核心法条链接】

《中华人民共和国劳动合同法》

第十九条 劳动合同期限三个月以上不满一年的,试用期不得超过一个月;劳动合同期限一年以上不满三年的,试用期不得超过二个月;三年以上固定期限和无固定期限的劳动合同,试用期不得超过六个月。

同一用人单位与同一劳动者只能约定一次试用期。

以完成一定工作任务为期限的劳动合同或者劳动合同期限不满三个月的,不得约定试用期。

试用期包含在劳动合同期限内。劳动合同仅约定试用期的,试用期不成立,该期限为劳动合同期限。

第八十三条 用人单位违反本法规定与劳动者约定试用期的,由劳动行政部门责令改正;违法约定的试用期已经履行的,由用人单位以劳动者试用期满月工资为标准,按已经履行的超过法定试用期的期间向劳动者支付赔偿金。

第八十七条 用人单位违反本法规定解除或者终止劳动合同的,应当依照本法第四十七条规定的经济补偿标准的二倍向劳动者支付赔偿金。

【实务操作建议】

在实务中,用人单位在与劳动者签订劳动合同,约定试用期条款时,除了遵守《劳动合同法》的有关规定外,更要注意劳动合同条款的设计,以及各种证据的保存。用人单位应避免不必要的法律风险的发生,在前期发布的招聘信息中应明确录用条件和标准,对所招聘岗位的具体录用条件、要求进行准确详细的描述。同时,用人单位还应建立健全试用期的考核评估制度,明确考核标准及方法,在与劳动者订立劳动合同的同时将招聘信息中的标准明确约定在书面劳动合同中,并告知劳动者。在实践中,仲裁机关和法院对用人单位相关证据的认定,一方面审查对劳动者的录用标准及要求是否有明确的描述,另一方面看用人单位对劳动者试用期内的表现或不符合录用标准的行为有没有客观的评价和记录。用人单位可以按照以下要点进行操作:制定完善的录用条件,内容详尽、合理合法;将录用条件告知员工并签字;留存劳动者不符合录用条件的证据;存在合法的试用期;解除合同必须在试用期内进行;解除合同时要告知员工理由并签字;解除合同时应通知工会。

(撰稿人:吴俊男)

二、用人单位试用期解除劳动合同
需要有证据证明劳动者不符合录用条件

【案情介绍】①

陆某是某消防公司聘任的员工,双方签订合同约定试用期且2018年1月26日试用期结束,双方劳动合同于2018年11月25日终止。陆某试用期结束后,某消防公司认为陆某试用期不合格,想要解除与陆某的劳动合同。但该公司在陆某的试用期内未提出解除与陆某的劳动合同,也未提出陆某试用期不合格的相关证明材料,反而在陆某试用期结束后,于2018年2月1日与陆某协商调岗。2018年2月2日,某消防公司于以陆某试用期不合格为由发出《解聘通知书》。陆某认为某消防公司违法解除劳动合同,将某消防公司诉至广东省深圳市龙华区人民法院,请求继续履行该劳动合同,并要求某消防公司支付2018年2月4日至3月26日期间的工资20653.85元。人民法院作出了相应的判决。某消防公司不服一审法院作出的民事判决,决定上诉至广东省深圳市中级人民法院,请求撤销一审法院的判决并解除与陆某的劳动合同。

【处理结果】

本案中某消防公司于2018年2月2日以陆某试用期不合格为由发出《解聘通知书》,但对此并未提供充分有效的证据予以证实,且从某消防公司提供的协议来看,某消防公司刚刚在2018年2月1日对陆某进行调岗,因此,某消防公司属于违法解除劳动合同。陆某要求从2018年2月4日起继续履行双方签订的劳动合同,于法有据,法院予以支持。

---

① 案例来源:中国裁判文书网,(2018)粤0309民初1450号、(2020)粤03民终15467号。

【争议焦点】

用人单位试用期解除劳动合同是否需要有证据证明劳动者不符合录用条件?

【案例评析】

《劳动合同法》第 39 条第 1 款规定:"试用期内,劳动者被证明不符合录用条件的,用人单位可以解除合同。"用人单位行使这项权利时有证据证明,在工作各项考核中劳动者不符合录用条件,必须在该劳动者试用期内解除劳动合同。试用期满后,不论是否符合录用条件,是否办理转正手续,均不能解除劳动合同。在该案中,某消防公司没有证据证明提交《试用期不合格通知书》来证明陆某不符合录用条件,同时也未在试用期内解除与陆某的劳动合同。现某消防公司要解除劳动合同,属于违法解除劳动合同。在 2018 年 11 月 25 日劳动合同终止前,陆某仍然是某消防公司的员工。《劳动合同法》第 48 条规定"用人单位违反本法规定解除或者终止劳动合同,劳动者要求继续履行劳动合同的,用人单位应当继续履行;劳动者不要求继续履行劳动合同或者劳动合同已经不能继续履行的,用人单位应当依照本法第八十七条规定支付赔偿金"。在该案中,陆某要求继续履行劳动合同,某消防公司应该继续履行。但双方在合同期满前均无续签的意思表示,双方劳动合同于 2018 年 11 月 25 日终止,2018 年 11 月 26 日之后某消防公司无继续履行该合同的义务。

【核心法条链接】

《中华人民共和国劳动合同法》

第三十九条　劳动者有下列情形之一的,用人单位可以解除劳动合同:

(一)在试用期间被证明不符合录用条件的;

(二)严重违反用人单位的规章制度的;

(三)严重失职,营私舞弊,给用人单位造成重大损害的;

(四)劳动者同时与其他用人单位建立劳动关系,对完成本单位的工作任务造成严重影响,或者经用人单位提出,拒不改正的;

(五)因本法第二十六条第一款第一项规定的情形致使劳动合同无效的;

（六）被依法追究刑事责任的。

第四十八条　用人单位违反本法规定解除或者终止劳动合同，劳动者要求继续履行劳动合同的，用人单位应当继续履行；劳动者不要求继续履行劳动合同或者劳动合同已经不能继续履行的，用人单位应当依照本法第八十七条规定支付赔偿金。

《中华人民共和国民事诉讼法》

第二百六十条　被执行人未按判决、裁定和其他法律文书指定的期间履行给付金钱义务的，应当加倍支付迟延履行期间的债务利息。被执行人未按判决、裁定和其他法律文书指定的期间履行其他义务的，应当支付迟延履行金。

加倍支付迟延履行期间的债务利息，即按中国人民银行同期贷款利率的两倍计算迟延履行的利息。

【实务操作建议】

用人单位应当在员工试用期内对员工进行录用考核，将录用条件和录用考核结果明确告知员工，在员工试用期结束之前作出留用或解除的决定并告知员工。对于录用考核不合格的员工，用人单位有权解除合同，同时也负有举证义务，且有证据证明在试用期结束前告知员工录用考核结果。在劳动合同方面，用人单位必须认真严谨，严格贯彻考核制度，依法办事。

（撰稿人：刘　蕊）

三、试用期受工伤关于月平均工资的界定

【案情介绍】①

薛某是东莞某纺织公司的一名员工,2017 年 8 月 30 日入职东莞某纺织公司,担任杂工一职。东莞某纺织公司未与薛某签订劳动合同,同时也未为薛某交纳社会工伤保险。2017 年 9 月 26 日,薛某因工受伤,住院治疗。2018 年 8 月 27 日经东莞市社会保障局认定为工伤,2018 年 10 月 10 日经东莞市劳动能力鉴定委员会鉴定为十级伤残,未达护理等级。薛某最后上班至 2018 年 2 月 9 日。对于后续各种费用,双方对工资问题争议不断,薛某于 2019 年 2 月 21 日申请劳动仲裁,仲裁裁决之后,薛某又将东莞某纺织公司诉至广东省东莞市第二人民法院,请求解除双方的劳动合同并要求东莞某纺织公司支付相关的各种费用。

【处理结果】

解除薛某与东莞某纺织公司之间的劳动合同,判决东莞某纺织公司支付薛某相关的各种费用,驳回薛某的其他诉讼请求。

【争议焦点】

试用期受工伤关于月平均工资的界定。

【案例评析】

根据《广东省工资支付条例》第 48 条的规定:"因工资支付发生争议,用人单位负有举证责任。用人单位拒绝提供或者在规定时间内不能提供有关工资支付凭证等证据材料的,人力资源社会保障部门、劳动人事争议仲裁委

---

① 案例来源:中国裁判文书网,(2019)粤 1972 民初 9782 号。

员会或者人民法院可以按照劳动者提供的工资数额及其他有关证据作出认定。用人单位和劳动者都不能对工资数额举证的,由劳动争议仲裁委员会或者人民法院参照本单位同岗位的平均工资或者当地在岗职工平均工资水平,按照有利于劳动者的原则计算确定。"在该案中,薛某入职不足一个月就因工受伤,尚未领取过整月满勤的工资,薛某与东莞某纺织公司双方均无法证明薛某受伤前整月满勤的实际应发工资水平。薛某主张受伤前的月平均工资为 2700 元,按照最有利于劳动者的原则,确定月工资标准为 2700 元。

根据《劳动合同法》的规定,试用期的期限最长不得超过半年,在试用期内,职工享有社保待遇。试用期工伤和正式员工受工伤,一样可以享受工伤待遇。关于其"本人工资"的计算,《工伤保险条例》第 64 条规定"本条例所称工资总额,是指用人单位直接支付给本单位全部职工的劳动报酬总额。本条例所称本人工资,是指工伤职工因工作遭受事故伤害或者患职业病前 12 个月平均月缴费工资。本人工资高于统筹地区职工平均工资 300% 的,按照统筹地区职工平均工资的 300% 计算;本人工资低于统筹地区职工平均工资 60% 的,按照统筹地区职工平均工资的 60% 计算"。具体而言,本人工资计算如下:发生工伤前在本单位工作已满 12 个月的,按工伤前 12 个月应发工资的月平均工资(含基本工资、奖金和津补贴以及加班工资)计算其原工资标准;发生工伤前在本单位工作未满 12 个月的,按工伤前实际工作月数应发工资的月平均工资计算其原工资标准;发生工伤前工作未满 1 个月的,按合同约定的月工资计算其原工资标准;尚未约定或无法确定原工资额度的,按不低于本市职工上年度社会月平均工资的 60% 计算其原工资标准。

根据《劳动合同法》第 10 条第 1 款、第 2 款"建立劳动关系,应当订立书面劳动合同。已建立劳动关系,未同时订立书面劳动合同的,应当自用工之日起一个月内订立书面劳动合同"以及第 82 条第 1 款"用人单位自用工之日起超过一个月不满一年未与劳动者订立书面劳动合同的,应当向劳动者每月支付二倍的工资"。在该案中,薛某在 2017 年 8 月 30 日入职,确定劳动关系,东莞某纺织公司未与其签订劳动合同。同年 9 月 26 日受伤,由于客观原因,在 2017 年 9 月 26 日至 10 月 25 日期间无法签订劳动合同,2017 年 10 月 29 日前仍未订立书面劳动合同。东莞某纺织公司违反本法律规定,应当向薛某支付每月二倍工资。

【核心法条链接】

《广东省工资支付条例》

第四十八条 因工资支付发生争议,用人单位负有举证责任。

用人单位拒绝提供或者在规定时间内不能提供有关工资支付凭证等证据材料的,人力资源社会保障部门、劳动人事争议仲裁委员会或者人民法院可以按照劳动者提供的工资数额及其他有关证据作出认定。

用人单位和劳动者都不能对工资数额举证的,由劳动争议仲裁委员会或者人民法院参照本单位同岗位的平均工资或者当地在岗职工平均工资水平,按照有利于劳动者的原则计算确定。

《工伤保险条例》

第六十四条 本条例所称工资总额,是指用人单位直接支付给本单位全部职工的劳动报酬总额。本条例所称本人工资,是指工伤职工因工作遭受事故伤害或者患职业病前 12 个月平均月缴费工资。本人工资高于统筹地区职工平均工资 300％的,按照统筹地区职工平均工资的 300％计算;本人工资低于统筹地区职工平均工资 60％的,按照统筹地区职工平均工资的 60％计算。

【实务操作建议】

用工单位应当及时与劳动者签订劳动合同,确定劳动关系,为员工参加社会工伤保险。未签订劳动合同的,用工单位自用工之日起 1 个月内与员工签订书面劳动合同。同时用人单位应当确定试用期的工资,并明确告知员工。因工资支付发生争议,用人单位负有举证责任。员工因工受伤,用人单位应按照法律规定以及各省条例规定,支付相关的医疗费、各种补偿费以及其他费用给该员工。对于用工单位与劳动者工资支付争议且双方没有证据证明工资数额,按照有利于劳动者的原则,采用劳动者的主张。

（撰稿人：刘 蕊）

四、一人公司工伤赔偿责任的承担

【案情介绍】①

原告吴某曾于 2018 年 4 月 19 日至 2019 年 2 月 22 日在被告某家具有限公司从事木工机械操作工作,该公司为有限责任公司(自然人独资)。双方未签订劳动合同,公司也没有为吴某参加社会保险。

2018 年 10 月 7 日 17 时左右,吴某在某家具有限公司车间操作平铣床作业过程中被铣刀绞伤左手中指。经广东省某医院诊断为:左中指绞伤;左手中指末节组织缺损。2018 年 12 月 19 日,某人力资源和社会保障局作出某人社认工〔2018〕59××号《认定工伤决定书》,认定吴某的该次受伤为工伤。2019 年 1 月 14 日,某市劳动能力鉴定委员会作出某劳鉴初〔2019〕2××号《劳动能力初次鉴定(确认)结论书》,确定吴某的停工留薪期为 2018 年 10 月 7 日至 11 月 17 日,劳动功能障碍等级为十级。

事后,微信昵称为"中儒堂红木"的用户也以微信方式与吴某联系。从 2018 年 5 月 2 日起在与吴某沟通时多次同意吴某的请假,亦分别于 2018 年 7 月 2 日、2019 年 1 月 25 日通过微信红包的方式向吴某支付了工资尾数;2018 年 11 月 28 日,吴某发送微信消息称"老板我的工资是每天按 8 小时 220 元钱算的,你这样说是变相不要我继续上班",微信用户"中儒堂红木"回复称"是按 8 个小时 220 元钱算的,但工作量没有这么多!""中儒堂红木"的微信名称为"中儒堂红木(何某光)",确认该 138××××405 为其个人电话号码。

因双方存在劳动争议问题,吴某曾诉至仲裁委,认为其在用工期间受工伤,请求用人单位支付工伤赔偿费用,后该公司及法定代理人因不服仲裁裁决,向法院提起诉讼。

---

① 案例来源:中国裁判文书网,(2019)粤 0605 民初 10894 号、(2019)粤 06 民终 14447 号。

【处理结果】

法院认为,本案证据形成完整的证据链,判决劳动者与用人单位之间存在事实劳动关系,用人单位应支付未签订劳动合同的二倍工资差额、工伤赔偿费用等,用人单位的法定代表人对债务承担连带清偿责任。

【争议焦点】

吴某与用人单位之间是否存在劳动关系?如果本案中劳动者和用人单位存在劳动关系,工伤赔偿费用等债务清偿责任该如何分配?

【案例评析】

本案涉及劳动者与用人单位之间劳动关系的认定及一人公司工伤赔偿责任的承担。

1. 劳动者与用人单位之间劳动关系的认定

原劳动和社会保障部颁布的《关于确立劳动关系有关事项的通知》第1条规定,用人单位招用劳动者未订立书面劳动合同,但同时具备下列情形的,劳动关系成立:第一,用人单位和劳动者符合法律、法规规定的主体资格;第二,用人单位依法制定的各项劳动规章制度适用于劳动者,劳动者受用人单位的劳动管理,从事用人单位安排的有报酬的劳动;第三,劳动者提供的劳动是用人单位业务的组成部分。根据该条规定,在未订立劳动合同的情况下,可以依照具备主体适格、劳动人事管理、劳动报酬支付、劳动业务组成四要素确定是否存在事实劳动关系,即是否符合从属性的特征。从属性包括人身从属性、组织从属性和经济从属性,即劳动者受用人单位的劳动管理,从事用人单位安排的有报酬的劳动等。[1]

本案中,吴某和用人单位之间存在用工的合意;吴某在该公司从事木工机械操作工作,属于公司经营范围的组成部分,符合排除违法性和人身从属性;微信记录也显示吴某曾多次向该公司法定代理人沟通请假、工资等事项,符合经济从属性。另外,吴某也持有工伤认定书认定其受伤属于工伤,符合上诉要件,劳动者和用人单位之间存在事实劳动关系。

---

① 林嘉:《劳动法的原理、体系与问题》,法律出版社2016年版,第95页。

2. 一人公司工伤赔偿责任的承担

一人有限责任公司是指只有一个自然人股东或者一个法人股东的有限责任公司,其股东对公司债务承担有限责任。《公司法》对于一人有限责任公司的设立旨在促进中小企业的发展,但一人有限责任公司极易造成股东滥用法人独立地位和股东有限责任逃避债务的情况,从而法律规定了法人人格否认制度。《公司法》第63条规定,一人有限责任公司的股东不能证明公司财产独立于股东自己的财产的,应当对公司债务承担连带责任。根据该条规定,一人有限责任公司的股东不能证明公司财产独立于股东自己财产的,适用法人人格否认制度,股东对公司债务承担连带责任,公司的债权人可以将公司和公司股东作为共同债务人进行追索。可见,一人有限公司的法人人格否认区别于有限责任公司,具有其特殊性:其一,责任形式不同。滥用一人有限责任公司法人人格会造成股东与公司人格混同,股东和公司承担连带责任。[①] 而有限责任公司,股东滥用公司独立法人地位,严重损害债权人利益的,应当与公司共同对债权人承担连带责任。其二,举证责任倒置。一人有限责任公司股东有举证证明公司财产独立于自己财产的义务,而有限责任公司的举证责任由受损害人承担。

在本案中,该家具有限责任公司属于有限责任公司(自然人独资),符合一人公司的要件,即只有一个自然人股东的有限责任公司。该公司的法定代表人何某不能证明公司的财产独立于其个人财产,何某要对公司的债务承担连带责任。因此,吴某的工伤赔偿责任由公司及其法定代表人共同承担。

【核心法条链接】

原劳动和社会保障部《关于确立劳动关系有关事项的通知》

一、用人单位招用劳动者未订立书面劳动合同,但同时具备下列情形的,劳动关系成立。

(一)用人单位和劳动者符合法律、法规规定的主体资格;

(二)用人单位依法制定的各项劳动规章制度适用于劳动者,劳动者受用人单位的劳动管理,从事用人单位安排的有报酬的劳动;

(三)劳动者提供的劳动是用人单位业务的组成部分。

[①] 王刚、丁雯雯:《一人公司股东受让方对于受让前公司债务的责任》,载《人民司法(案例)》2020年第32期。

《中华人民共和国公司法》

第五十七条 一人有限责任公司的设立和组织机构,适用本节规定;本节没有规定的,适用本章第一节、第二节的规定。

本法所称一人有限责任公司,是指只有一个自然人股东或者一个法人股东的有限责任公司。

第六十三条 一人有限责任公司的股东不能证明公司财产独立于股东自己的财产的,应当对公司债务承担连带责任。

《最高人民法院关于民事执行中变更、追加当事人若干问题的规定》

第二十条 作为被执行人的一人有限责任公司,财产不足以清偿生效法律文书确定的债务,股东不能证明公司财产独立于自己的财产,申请执行人申请变更、追加该股东为被执行人,对公司债务承担连带责任的,人民法院应予支持。

【实务操作建议】

一人有限责任公司的股东在不能证明公司财产独立于股东自己财产时,股东对公司债务承担连带责任。若用人单位属于一人有限责任公司,适用法人人格否认时举证责任倒置。用人单位的股东应对"公司财产独立于股东自己财产"承担举证责任,并向法院提供相应的证据材料,特别是要认真履行强制审计制度,即一人有限责任公司在每一会计年度终了时应编制财务会计报告,经会计师事务所审计,从而保障一人有限公司财产独立。

如用人单位的股东未能完成证明责任,公司债权人可以按照《公司法》第63条将公司和公司股东作为债务人共同追索。在劳动关系中,劳动者请求的工伤赔偿费用等系公司债务,劳动者可以同时起诉一人公司及其股东。另外根据《最高人民法院关于民事执行中变更、追加当事人若干问题的规定》第20条的规定,若一人有限公司作为被执行人,财产不足以清偿生效法律文书确定的债务,股东不能证明公司财产独立于自己财产,申请执行人可以申请变更、追加股东为被执行人,对公司债务承担连带责任。

(撰稿人:盛蕙婷)

五、严重违反用人单位
规章制度中"严重"程度的界定

【案情介绍】①

2007 年 12 月 16 日,卢某入职东莞某电路板有限公司任保安一职。2018 年 8 月 27 日 21 时 10 分许,卢某与公司员工郭某发生争执,公司以卢某在员工宿舍内打架为由将其辞退,并于 2018 年 9 月 4 日向其发出《解除/终止劳动合同证明书》。卢某认为争执的严重程度不足以支持公司作出解除劳动合同的处罚,请求认定公司违法解除劳动合同,并支付赔偿金。故卢某将东莞某电路板有限公司起诉至人民法院。

一审法院认为,首先,卢某了解公司的规章制度,明确知晓打架斗殴系用人单位可无偿解雇的事由;其次,虽然公司的监控视频及调解时形成的录音无法直接证明卢某殴打郭某,但结合证人的询问笔录和郭某的诊断证明书,可以证明二者发生了肢体冲突;再次,卢某与郭某在公司因口角而发生肢体冲突,严重影响了用人单位的管理秩序,属于严重违反劳动纪律的行为;最后,卢某与郭某俱为公司保安,负有维护公司秩序的职责,现二人在公司宿舍发生肢体冲突,影响更加恶劣。综上,一审法院认为公司以此为由解除与卢某的劳动合同关系符合《劳动合同法》第 39 条第 2 款规定的情形,公司无须支付卢某违法解除劳动关系的赔偿金。卢某不服一审判决,提出上诉。

二审法院认为:第一,公司的规章制度未违反法律法规的强制性规定,卢某已确认知晓公司的规章制度,故公司可依据其规章制度对卢某进行管理;第二,公司提交的证据以及一审法院向公安机关调取的询问笔录并不足以证明卢某有殴打郭某的行为;第三,虽然卢某与郭某发生口角并相互拉

---

① 案例来源:中国裁判文书网,(2018)粤 1972 民初 18483 号、(2019)粤 06 民终 14447 号。

扯,但考虑到上述行为发生在 21 时许,地点在饭堂后门,并非在公司正常工作的时间及生产场所内,故情节相对轻微,对公司影响较小。综上,二审法院认为公司以打架为由解除与卢某的劳动合同关系,不符合《劳动合同法》第 39 条第 2 款的规定。公司应向卢某支付违法解除劳动合同关系的赔偿金。

【处理结果】

用人单位应向劳动者支付违法解除劳动合同关系的赔偿金。

【争议焦点】

如何界定劳动者是否严重违反用人单位的规章制度?

【案例评析】

本案的争议焦点是如何界定劳动者是否严重违反用人单位的规章制度。回答这一问题的前提在于用人单位存在合法的规章制度且劳动者的行为违反了这一规章制度,关键在于劳动者的违法行为是否达到了严重的程度。

用人单位存在合法的规章制度和劳动者出现违纪行为是问题的前提,证明劳动者出现违纪行为本质上是证据问题。那么何为合法的规章制度?合法既包括程序合法也包括实体合法。《劳动合同法》第 4 条规定了规章制度制定、修改过程中用人单位须履行的强制性程序义务,"应当经职工代表大会或者全体职工讨论,提出方案和意见,与工会或者职工代表平等协商确定。用人单位应当将直接涉及劳动者切身利益的规章制度和重大事项决定公示,或者告知劳动者"。由此可知用人单位规章制度的制定和修改须经过民主程序,并公示或告知劳动者。实体合法主要指用人单位的规章制度不得违反法律法规的规定,损害劳动者利益。

劳动者的违纪行为是否达到了严重的程度是判断是否违法解除劳动合同关系的关键。对此,有学者对法官综合衡量严重程度的因素进行体系化,分为与"生产经营利益"相关的因素和与"信赖基础利益"相关的因素两大类。① 有学者提出应当从劳动者违纪的主观故意、行为性质、行为后果和补救措施等方面出发,对严重性程度问题进行实质审查,而非形式审查规章制度的具体规定,将严重性的边界完全交由用人单位决定。② 具体而言行为违纪包括以下几个方面:(1)主观故意,包括劳动者对违反规章制度、对违纪行为的后果和对用人单位造成的影响持故意或放任态度;(2)行为性质,具体应当考虑劳动者所在的行业性质、岗位特征、工作性质以及行为发生的时间和空间状态;(3)行为后果,包括劳动者的违纪行为对用人单位造成的利益损害,如行政部门对用人单位的行政罚款、货物损失等,也包括对用人单位工作的进行、工作秩序或者工作任务的完成造成了影响;(4)补救措施,包括劳动者违纪之后的补救行为,是否尽量采取各种手段减少损失、防止损害或不利影响扩大。

本案中一审法院与二审法院作出不同判决的原因就在于前者对严重性程度问题仅作了形式审查,以规章制度为依据,认为发生肢体冲突即严重影响用人单位的管理秩序;而后者则进行实质审查,具体考量了行为的性质、行为发生的时间、地点等对用人单位生产经营利益产生损害和影响的因素,综合权衡下认为劳动者的违纪行为尚未达到严重程度,不足以用解除劳动合同关系的方式惩戒劳动者,故判决用人单位解除劳动合同关系违法,二审法院裁判思路值得肯定和推广。

【核心法条链接】

《中华人民共和国劳动合同法》

第四条　用人单位应当依法建立和完善劳动规章制度,保障劳动者享有劳动权利、履行劳动义务。

用人单位在制定、修改或者决定有关劳动报酬、工作时间、休息休假、劳动安全卫生、保险福利、职工培训、劳动纪律以及劳动定额管理等直接涉及劳动者切身利益的规章制度或者重大事项时,应当经职工代表大会或者全体职工讨论,提出方案和意见,与工会或者职工代表平等协商确定。

在规章制度和重大事项决定实施过程中,工会或者职工认为不适当的,

---

① 朱军:《认定"严重违反劳动规章制度"的因素及规范构成——基于相关案例的实证分析》,载《法学》2018 年第 7 期。

② 胡大武、杨芳:《严重违反单位规章制度之严重性边界的实证分析——以〈劳动合同法〉第 39 条第(二)款为视角》,载《中国劳动》2016 年第 24 期。

有权向用人单位提出,通过协商予以修改完善。

用人单位应当将直接涉及劳动者切身利益的规章制度和重大事项决定公示,或者告知劳动者。

第三十九条　劳动者有下列情形之一的,用人单位可以解除劳动合同:

(一)在试用期间被证明不符合录用条件的;

(二)严重违反用人单位的规章制度的;

(三)严重失职,营私舞弊,给用人单位造成重大损害的;

(四)劳动者同时与其他用人单位建立劳动关系,对完成本单位的工作任务造成严重影响,或者经用人单位提出,拒不改正的;

(五)因本法第二十六条第一款第一项规定的情形致使劳动合同无效的;

(六)被依法追究刑事责任的。

【实务操作建议】

用人单位必须同时注意规章制度的合法性问题和合理性问题。首先,规章制度不能违反法律、法规的规定,损害劳动者权益。其次,规章制度在制作、修改时,应经过必要的民主程序,经职工代表大会或者全体职工讨论,提出方案和意见,与工会或者职工代表平等协商确定,并在确定后进行公示或者告知劳动者。最后,用人单位应注重合理性问题,详尽地列举哪些情形应作为严重违反规章制度的事由,并明确构成要件。如果规定过于抽象笼统,没有明确的构成要件,一方面劳动者无法准确预见相关行为的法律后果;另一方面也会陷入法院的实质审查,由法官对规章制度进行进一步细化和续造。

（撰稿人:潘军宝）

六、因不能胜任工作解除劳动合同
需要完善岗位责任及其考核制度

【案情介绍】①

黄某是瑞幸咖啡(广州)有限公司的员工,瑞幸咖啡认为黄某拉帮结派,恶意散布带有攻击性、诽谤性语言,无中生有,蓄意闹事,损害了公司管理人员及其他同事的名誉,最终导致部门负责人被迫辞职。瑞幸咖啡认为黄某的行为举止严重违反了正常的劳动纪律,违反了基本的职业操作,违反了社会的公序良俗,严重违反了公司规章制度,因此与其解除劳动关系;同时指出黄某经过培训后仍然产出为零,后期不能胜任本职工作,经过培训后依然不能胜任。黄某认为,其并不存在散布负面言论的情况,没有所谓的诬告、谩骂、威胁他人行为,是因为遭到报复而被解聘。故黄某将瑞幸咖啡(广州)有限公司起诉至广东省广州市×××区人民法院。

【处理结果】

1. 于判决生效之日起 5 日内,瑞幸咖啡(广州)有限公司支付黄某解除劳动关系赔偿金 26002.68 元;

2. 于判决生效之日起 5 日内,瑞幸咖啡(广州)有限公司一次性返还黄某 2018 年 7 月至 12 月被扣除的 10% 绩效提成 3000 元。

3. 驳回瑞幸咖啡(广州)有限公司的诉讼请求。

【争议焦点】

劳动者是否因为无法胜任工作而被辞退?

---

① 案例来源:中国裁判文书网,(2019)粤 0111 民初 27760 号。

【案例评析】

《劳动合同法》第40条规定,有下列情形之一的,用人单位提前30日以书面形式通知劳动者本人或者额外支付劳动者1个月工资后,可以解除劳动合同:(1)劳动者患病或者非因工负伤,在规定的医疗期满后不能从事原工作,也不能从事由用人单位另行安排的工作的;(2)劳动者不能胜任工作,经过培训或者调整工作岗位,仍不能胜任工作的;(3)劳动合同订立时所依据的客观情况发生重大变化,致使劳动合同无法履行,经用人单位与劳动者协商,未能就变更劳动合同内容达成协议的。

在本案中,用人单位认为劳动者违反劳动纪律,严重违反了公司的规章制度,同时认为其后期不能胜任工作,经培训后仍然不能胜任,但经过法院查明,用人单位在举证期限内未能举证证实被告在连续3个月零业绩的情况下已依照《劳动合同法》第40条第2项的规定对原告进行过培训或调整工作岗位,因此用人单位解除劳动合同的行为被认定为非法解除劳动合同。

【核心法条链接】

《中华人民共和国劳动合同法》

第四十条　有下列情形之一的,用人单位提前三十日以书面形式通知劳动者本人或者额外支付劳动者一个月工资后,可以解除劳动合同:

(一)劳动者患病或者非因工负伤,在规定的医疗期满后不能从事原工作,也不能从事由用人单位另行安排的工作的;

(二)劳动者不能胜任工作,经过培训或者调整工作岗位,仍不能胜任工作的;

(三)劳动合同订立时所依据的客观情况发生重大变化,致使劳动合同无法履行,经用人单位与劳动者协商,未能就变更劳动合同内容达成协议的。

【实务操作建议】

1.企业考核评估应当将主观评价和客观数据相结合。用人单位需要将业绩目标细化拆分,对每项具体工作任务完成的数量、质量和收益进行考核。对于无法量化的主观评估难以被司法部门采纳,对于具体工作是否完成的评估较易得到,而上级对下级的评估很难被司法部门采纳。

2.企业制定的业绩目标应当和员工进行充分的协商沟通,并要求员工签字确认。在劳动争议处理过程中,企业在许多情形下均需要承担举证责任。企业的业绩应当明确细致,具有可操作性。

3.明确告知员工无法完成目标的法律后果。对于业绩不符合企业要求的员工,企业需要适当的处理方案:(1)企业可以对初次考核不合格的员工进行岗位调整。但是企业在调整岗位时,应遵守合理性原则,并且需要完善规章制度和劳动合同的内容,对于员工拒绝调整的行为,可以通过相关的约定或者规定,将这种行为纳入严重违纪行为,予以解除劳动合同。(2)企业可以对初次考核不合格的员工,进行培训。培训应该注意以下问题:首先,须针对员工的不足;其次,培训的形式或培训期间的待遇应当事先约定或者通过规章制度进行规定;最后,培训应保留档案和确认书,以保留相关法律证据。(3)在初次考核不合格的员工进行调岗或者培训后,员工仍然考核不合格的,企业可以单方面解除合同,但应在30天内通知和支付经济补偿金的前提下解除劳动合同。

4.企业可以通过其他方式处理,譬如协商解除、合同变更、薪酬调整、合同终止等。

(撰稿人:黄晨雨)

七、"不能胜任工作"不能直接解除劳动合同

【案情介绍】[①]

张某某于 2012 年 8 月 20 日入职某照明有限公司,担任制造部的生产操作员工。双方于 2018 年 8 月 23 日签订无固定期限的劳动合同。随后该公司因为工作需要,将张某某调整至同一流水线的操作岗位,且之前有经过相关培训,张某某拒绝服从工作安排,随后公司按照规章解除与张某某的劳动关系,并征求了工会的意见。工会查实后,同意解除劳动关系。张某某(申请人)以其公司为被申请人向仲裁委员会提起仲裁请求:(1)裁决被申请人支付申请人违法解除劳动关系赔偿金 53144.7 元;(2)裁决被申请人支付申请人 2013 年 3 个月的医疗期工资 3144 元。被驳回后张某某向人民法院提起诉讼,请求公司向自己支付违法解除劳动关系的赔偿金 53144.7 元。

【处理结果】

法院判决用人单位不属于违法解除劳动关系,不应当支付赔偿金。

【争议焦点】

用人单位因劳动者不服从岗位变动与其解除劳动关系是否合法?用人单位因劳动者不胜任工作解除劳动合同需要符合哪些条件?

【案例评析】

《劳动合同法》第 40 条第 3 款规定,因劳动合同订立时所依据的客观情况发生重大变化,致使原劳动合同无法履行而变更合同,须经双方当事人协商一致,若不能达成协议,则可按法定程序解除劳动合同。调岗属于变更劳

---

① 案例来源:中国裁判文书网,(2019)粤 1973 民初 11398 号。

动合同的主要内容,用人单位必须先与劳动者协商一致,未经劳动者同意的用人单位单方面调岗,需要具有合理性。

用人单位根据生产经营需要调岗,应不存在侮辱或惩罚性质,不降低工资待遇,调整后的岗位与劳动合同约定的岗位之间存在相关性。调岗的合理性需要用人单位举证。

根据该条规定,用人单位应当在证明劳动者存在二次"不胜任工作"的情况下,才能解除劳动合同。用人单位在评估劳动者对于所担任工作能否胜任时,应当全面考虑其工作能力、身心健康等客观因素,也要同时考虑劳动者的主观因素。调岗属于变更劳动合同的主要内容,用人单位必须先与劳动者协商一致,未经劳动者同意的用人单位单方面调岗,需要具有合理性。

对于本案中用人单位解除与张某某之间的劳动关系是否合法。首先,张某某操作岗位的变更并非实质变更,双方签订的劳动合同约定原告为制造部的生产操作员工,用人单位提交的员工培训记录统计表显示,公司对张某某在同一生产线的三个操作岗位进行了培训,使原告具备相应的工作能力。其次,被告解除与原告的劳动关系征求了工会的意见,工会查实后,同意解除劳动关系,符合劳动合同法对于解除劳动合同关系的程序性要求。因此,被告解除与原告劳动关系系其用工自主权的表现,不违背法律规定。张某某要求用人单位承担解除劳动关系赔偿金没有事实和法律依据。

用人单位以劳动者不胜任工作解除劳动合同需要符合以下三个条件:该劳动者已不能胜任工作;用人单位对该劳动者进行了调岗培训;劳动者经调岗或者培训后仍然不能胜任工作。

【核心法条链接】

《中华人民共和国劳动合同法》

第四十条　有下列情形之一的,用人单位提前三十日以书面形式通知劳动者本人或者额外支付劳动者一个月工资后,可以解除劳动合同:

......

(二)劳动者不能胜任工作,经过培训或者调整工作岗位,仍不能胜任工作的;

(三)劳动合同订立时所依据的客观情况发生重大变化,致使原劳动合同无法履行,经当事人协商不能就变更劳动合同达成协议的。

原劳动部《关于〈中华人民共和国劳动法〉若干条文的说明》

第二十六条 有下列情形之一的,用人单位可以解除劳动合同,但是应当提前三十日以书面形式通知劳动者本人:

(一)劳动者患病或者非因工负伤,医疗期满后,不能从事原工作也不能从事由用人单位另行安排的工作的。

(二)劳动者不能胜任工作,经过培训或者调整工作岗位,仍不能胜任工作的。

(三)劳动合同订立时所依据的客观情况发生重大变化,致使原劳动合同无法履行,经当事人协商不能就变更劳动合同达成协议的。

本条第(一)项指劳动者医疗期满后,不能从事原工作的,由原用人单位另行安排适当工作之后,仍不能从事另行安排的工作的,可以解除劳动合同。

本条第(二)项中的"不能胜任工作",是指不能按要求完成劳动合同中约定的任务或者同工种,同岗位人员的工作量。用人单位不得故意提高定额标准,使劳动者无法完成。

本条中的"客观情况"指:发生不可抗力或出现致使劳动合同全部或部分条款无法履行的其他情况,如企业迁移、被兼并、企业资产转移等,并且排除本法第二十六条所列的客观情况。

【实务操作建议】

1.在劳动合同中明确劳动者的职责以及工作标准。对于评估标准不得含混、模糊,应尽可能地将其量化。例如,对于售货员,每个月规定最低营业额,连续×个月低于该营业额即为"无法胜任工作",用人单位可对其进行调岗或者培训。

2.用人单位以劳动者不胜任工作为由解除劳动合同,必须证明:(1)该劳动者不能胜任工作,即劳动者已不能按要求完成劳动合同中约定的工作任务或者同工种、同岗位人员的工作量。(2)用人单位对该劳动者进行了调岗培训并使其具有相关专业技能。(3)劳动者经调岗或者培训后仍然不能胜任工作。若劳动者二次"不能胜任工作",或具备相关专业技能但拒绝服从工作安排,用人单位可依据本单位规章向劳动者提出解除劳动关系,但应当提前30日以书面形式通知劳动者本人或者额外支付劳动者1个月工资,用人单位的解除行为可认定为合法解除。

3.用人单位应对上述各步骤承担举证责任并向仲裁委或者人民法院提供相应的证据材料。如用人单位不能证明劳动者不胜任工作或者拒绝接受用人单位工作安排,或用人单位未经法定的程序(对劳动者进行调岗或培训,提前1个月通知劳动者或支付1个月的工资),用人单位解除劳动合同的行为应认定为违法解除,劳动者有权按照《劳动合同法》第48条的规定要求继续履行劳动合同;劳动者不要求继续履行劳动合同或劳动合同已经无法继续履行的,劳动者也可选择要求用人单位支付违法解除的赔偿金。如用人单位能够证明劳动者属于二次"不能胜任工作"的情形,此时解除劳动合同的行为属于合法解除。

（撰稿人：张　　璐）

八、经济性裁员的认定

【案情介绍】①

陈某等人系某眼镜公司的老员工,某眼镜公司因经营不善决定裁员。某眼镜公司为证实其的确陷入经营困难,将其审计报告到政府税务部门备案,并在 2016 年 9 月到 2017 年 7 月间不断裁员,由最初的 1101 人下降至 765 人。此外,某眼镜公司于 2016 年 9 月 5 日将裁员报告交给了工会并取得同意,并且某眼镜公司实施经济性裁员之前已依法向劳动行政部门备案,东莞市人力资源局高埗分局出具的《情况证明》也证实了某眼镜公司在裁员前已向劳动行政部门备案。

2016 年 10 月 15 日下午,陈某被通知到写字楼、食堂处集合,某眼镜公司告知陈某因经济性裁员解除劳动合同关系,解除确认书上载明:确认书确定的补偿金数额来分析,确认书确定的补偿金数额计算方式是员工离职前 12 个月的平均工资×(工龄年数＋1)。陈某事后不服提起诉讼,提出某眼镜公司不符合经济性裁员的条件,严重违反法定程序,同时签署解除劳动合同协议确认书的时候并非其真实意思表示,是处在被胁迫的情形下,因此确认书应认定无效。

一审法院判决驳回陈某所有的诉讼请求,陈某不服提起上诉。二审期间,法院查明,案涉《裁员报告》落款工会意见处有"同意,刘某"签字字样,并加盖某眼镜公司工会委员会印章,落款时间显示为 2016 年 9 月 5 日。某眼镜公司的工会主席刘某确认了该签名的真实性。此外,案涉《情况证明》内容如下:"分局于 2016 年 10 月 12 日收到某眼镜公司裁员报告及裁减人员安置方案。该单位本次裁员 71 人,占员工总人数 7％,裁员涉及支付工资、代通知金、经济补偿金等总金额为 1117 万元,拟定于 2016 年 10 月 15 日至

---

① 案例来源:中国裁判文书网,(2018)粤 19 民终 3390 号。

12月31日进行。本次裁员于2016年8月23日口头报备后,分局多次派员参与高埗镇政府于2016年8月25日至9月25日期间组织相关单位召开的关于某眼镜公司裁员的维稳工作会议。"落款处为东莞市人力资源局高埗分局并盖章。

【处理结果】

二审法院最终认为某眼镜公司已提前30日向工会说明情况并得到工会的同意,并且某眼镜公司在裁减人员前将裁减人员方案向劳动行政部门报告,且陈某不能举证其遭受胁迫,综合各项证据,最终认为陈某知晓某眼镜公司的裁员计划,双方签订的解除劳动合同确认书有效。最终判决驳回陈某上诉,维持原判。

【争议焦点】

本案的争议焦点是经济性裁员的认定,以及双方签订的确认书是否有效。

【案例评析】

经济性裁员是指在企业经营出现重大困难等情况时,用人单位与一定数量的劳动者解除合同的行为,属于用人单位的单方解除权。经济性裁员制度是实现企业用工自主权的重要保障,也是一项企业为了保住自身竞争地位有力的经济手段。为了保障职工的合法权益,我国对经济性裁员有严格的规定,主要体现在《劳动合同法》第41条,[①]包括前提限制、程序限制、补偿限制和录用限制。同时,经济性裁员属于单方解除,需要支付经济补偿金。

在本案中,某眼镜公司只裁减了7%的员工,且其后续也有招录新的员工,似乎违反了经济性裁员的部分规定。但某眼镜公司答辩称,法定的经济性裁员属于单方解除,受法律前提限制、程序限制、补偿限制和录用限制规则等约束,但在本案中,用人单位在实施经济性裁员过程中与劳动者协商一致解除劳动合同。因此,此次解除劳动关系的行为仅受补偿限制规则的约

---

① 张在范:《劳资协商的引入与我国经济性裁员法律制度的重塑》,载《江苏社会科学》2009年第2期。

束,因此应认定某眼镜公司不存在违法解除劳动合同的情形。对此存在争议的是,经济性裁员中的协商解除是否适用法定单方解除的限制？有学者认为,《劳动合同法》第36条规定:"用人单位与劳动者协商一致,可以解除劳动合同。"①劳动合同的协商解除从本质上就是劳动合同的双方当事人通过订立一个以解除劳动合同为主要内容的新合同,来实现消灭劳动法律关系目的的合意行为,对协商解除效力的判定只应遵循劳动合同效力判定的一般规则。因此,除了法律规定对经济性裁员的员工需要给予经济性补偿的规定外,应认为并不受其他限制的制约。在本案中,陈某提出其是在受胁迫的情况下签署的确认书,但其不能举证证明,应承担举证不能的责任,故应认定双方签署劳动解除协议确认书是基于双方合意的情形下解除的,应认定双方解除劳动合同不违反法律规定。根据《最高人民法院关于审理劳动争议案件适用法律问题的解释(一)》第35条的规定:劳动者与用人单位就解除或者终止劳动合同办理相关手续、支付工资报酬、加班费、经济补偿或者赔偿金等达成的协议,不违反法律、行政法规的强制性规定,且不存在欺诈、胁迫或者乘人之危情形的,应当认定有效。

【核心法条链接】

《中华人民共和国劳动法》

第二十七条　用人单位濒临破产进行法定整顿期间或者生产经营状况发生严重困难,确需裁减人员的,应当提前三十日向工会或者全体职工说明情况,听取工会或者职工的意见,经向劳动行政部门报告后,可以裁减人员

《中华人民共和国劳动合同法》

第四十一条　有下列情形之一,需要裁减人员二十人以上或者裁减不足二十人但占企业职工总数百分之十以上的,用人单位提前三十日向工会或者全体职工说明情况,听取工会或者职工的意见后,裁减人员方案经向劳动行政部门报告,可以裁减人员:

(一)依照企业破产法规定进行重整的;

(二)生产经营发生严重困难的;

(三)企业转产、重大技术革新或者经营方式调整,经变更劳动合同后,仍需裁减人员的;

---

① 江锴:《论经济性裁员中的劳动合同解除》,载《政治与法律》2015年第4期。

（四）其他因劳动合同订立时所依据的客观经济情况发生重大变化，致使劳动合同无法履行的。

裁减人员时，应当优先留用下列人员：

（一）与本单位订立较长期限的固定期限劳动合同的；

（二）与本单位订立无固定期限劳动合同的；

（三）家庭无其他就业人员，有需要扶养的老人或者未成年人的。

用人单位依照本条第一款规定裁减人员，在六个月内重新招用人员的，应当通知被裁减的人员，并在同等条件下优先招用被裁减的人员。

【实务操作建议】

1.企业应严格按照有关法律规定裁员。经济性裁员是用人单位保持活力的重要方式之一，但在法律上又有诸多限制规定，容易引发诉讼危机，甚至引发群体性事件。因此用人单位要按照裁员的实体要件和程序要件进行操作，保留相关证据，防患于未然。

2.企业应加强与员工沟通，在沟通中力争相互理解。可以专门形式成立裁员小组，积极沟通，让员工了解当前公司情况，对裁员范围、裁员时间、经济补偿方案等向员工公开，尽量做到公开透明、有理有据，避免谣言流窜。同时安抚好裁减员工的情绪，可针对不同性格的员工适用不同的交流方式。

3.企业应组建专门团队来领导负责制订裁员计划并实施。要把握团队的多样性与专业性，建议团队成员由法律部、人力资源部、工会和各业务部门派人参与，并建议各部门负责人亲自参与该团队而非授权下属参加。

（撰稿人：易天宇）

九、"客观情况"的认定

【案情介绍】①

张某是某投资公司的科技部员工，担任粗放形式管理的科技采购职能。2003 年 10 月 28 日，张某入职，双方签订书面劳动合同，最后一份劳动合同为 2010 年 12 月 15 日起的无固定期限劳动合同。

2018 年 9 月 4 日，基于零售行业整体经济形势的变化及管理模式的升级，该公司对涉及科技采购的职能和组织架构进行调整，将张某原所在科技部信息安全与合规团队的业务、职能划归 ISM 部门负责，原工作岗位被取消。此前，公司未与张某进行协商就撤销了张某的工作岗位。

2018 年 10 月 11 日，公司向张某所在科技部安全与合规团队发出《人员安置通知》，称公司因业务需要，拟对现有科技部安全与合规团队的业务作出调整，该团队目前所在岗位将被取消，科技部将不再设立同类岗位，该调整使张某所在岗位受到影响。通知称"公司人力资源部同事将会在 2018 年 10 月 15 日与受影响的员工进行一对一面谈沟通，届时会提供相关的公司空缺岗位信息……如员工有意愿申请公司内部机会，请于 2018 年 10 月 19 日下午 5 点前告知您的最终决定，人力资源部将会安排后续面试甄选流程，通过面试后将启动内部转职流程。……如果您因个人原因无法转职或未通过内部面试，公司将会充分尊重您的意愿并依法安排后续事宜"。

2018 年 10 月 17 日，公司人力资源部员工向张某发出电邮，告知"若意愿申请公司内部机会，需要经过面试甄选通过后方可转职"，并向张某提供了其认为与其个人履历相匹配的公司其他部门的职位空缺。张某回复其诉求是公司直接安排新的同职等同薪酬的工作岗位，希望公司能提供与其现在工作职能类似的 IT 采购类岗位，后张某通过公司的招聘网站查询公司对

① 案例来源：中国裁判文书网，(2019)粤 0304 民初 35309 号。

外招聘高级经理——IT采购一职,希望公司安排该职位,但公司回复称该岗位已有候选人即将到岗,并非空缺岗位无法申请。

2018年12月6日,公司通知张某,根据张某的个人履历、个人意愿和公司内部现有空缺岗位,提供以下安置岗位给张某选择:(1)非商品采购部非商品采购经理,职等B7,现有薪酬将保持不变,其他福利及奖金按新职等标准执行;(2)全球业务服务中心订单管理专员,职等B5,现有的薪酬将根据新的职等作调整,其他福利及奖金按新职等标准执行。张某回复称所安排的岗位明显低于其现有的职等和薪酬福利,其无法接受。

2018年12月11日,公司向张某发出《警告通知书》,以张某未服从公司安排到新岗位报到,影响正常工作秩序为由对张某进行了书面警告。2018年12月14日,公司向张某发出《解除劳动合同通知》,通知称"因部门架构调整,您(张某)在科技部的工作岗位已被取消……双方订立劳动合同时所依据的客观情况发生重大变化致使原劳动合同无法履行……双方不能就变更工作岗位事宜达成一致。公司经慎重考虑,决定于2018年12月14日与您解除劳动合同关系"。

张某以用人单位违法解除劳动合同为由,诉至人民法院请求维护其合法权益。

【处理结果】

法院认为用人单位的行为不符合《劳动合同法》中对"客观情况"的认定,属于违法解除劳动合同,应当支付赔偿金。

【争议焦点】

用人单位将劳动者张某原所在科技部信息安全与合规团队的业务、职能划归ISM部门负责,并因此撤销张某的岗位是否符合《劳动合同法》第40条第1款第3项规定的"劳动合同订立时所依据的客观情况发生重大变化,致使劳动合同无法履行"情形?用人单位提出劳动者需经过面试甄选方能调岗,是否符合调岗条件?此种情形下,用人单位与劳动者解除劳动合同是否合法?

【案例评析】

本案涉及《劳动合同法》第40条第3项规定的"客观情况"的认定及用

人单位解除劳动合同合法性的认定。

1."客观情况发生客观情况,致使劳动合同无法履行"的认定

《劳动合同法》第 40 条第 3 项规定,劳动合同订立时所依据的客观情况发生重大变化,致使劳动合同无法履行,经用人单位与劳动者协商,未能就变更劳动合同内容达成协议的,用人单位提前 30 日以书面形式通知劳动者本人或额外支付劳动者 1 个月工资后,可以解除劳动合同。

首先,关于"客观情况"的认定。1994 年原劳动部颁布的《关于〈中华人民共和国劳动法〉若干条文的说明》第 26 条第 4 款规定,客观情况指发生不可抗力或出现致使劳动合同全部或部分条款无法履行的其他情况,如企业迁移、被兼并、企业资产转移等。除上述规定外,法律并没有对其他的"客观情况"予以明确。客观情况发生重大变化是依据民法中"情势变更原则"提出的,将情势变更原则运用于劳动争议中应该严格限制其适用范围。①

其次,客观情况发生重大变化还须达到致使劳动合同无法履行的程度。客观情况所覆盖的情形来自用人单位的领域,如"生产经营严重困难""转产、重大技术革新或经营方式调整""远距离或跨区域搬迁"等情形。② 以上列举的客观情况的严重程度都有可能致使劳动者的劳动合同无法实现。同时,随着我国经济社会的发展变化,对于"客观情况"的解释不能拘泥于1994 年原劳动部的解释,需要根据个案的具体情况由法官作出更为准确客观的解释。③ "客观情况"的认定可能会影响劳动合同的解除,系对已稳定、平衡劳动关系的打破,故实务中人民法院在认定何种情形构成"客观情况发生重大变化",应严格审查,用人单位对该"客观情况"的存在负有举证责任。

本案中,用人单位 2018 年度第三季度报告显示用人单位在该时经营状况稳定,销售增长,并未出现严重困扰经营的外部因素,用人单位亦未向法院提交证据证明存在足以影响劳动合同继续履行的客观因素。从用人单位所作的调整来看,仅系将科技部张某所属安全与合规团队的业务及岗位职责调整到 ISM 部门,所涉及人员只有 4 个人,不具有普遍性。此次岗位调整亦未提交公司股东会、董事会或相关决策部门决议,表明该调整仅系针对部分人员的岗位职责调整,而非整体组织架构调整。用人单位为提高企业

---

① 参见董保华:《劳动合同研究》,中国劳动社会保障出版社 2005 年版,第 426 页。

② 王倩:《论基于"客观情况发生重大变化"的解雇》,载《法学》2019 年第 7 期。

③ 林嘉:《劳动法的原理、体系与问题》,法律出版社 2016 年版,第 211 页。

绩效,整合内部资源,将劳动者所属团队的业务及职能调整到另一部门,系企业经营自主权的体现,但该种情形,并不符合《劳动合同法》第40条第3项规定的可导致劳动合同不能继续履行的"客观情况"。由此可见,"客观情况发生重大变化",从用人单位角度看将会关系整个用人单位的生存和发展,从而造成劳动合同无法实现。

2. 违法解除劳动合同的认定

用人单位对于劳动者而言具有强势地位,故用人单位与劳动者解除劳动合同受到了严格限制。《劳动合同法》第40条第3项规定的预告辞退需满足以下情形,用人单位才能解除劳动合同:第一,出现客观情况发生重大变化,致使劳动合同无法履行的情形;第二,用人单位与劳动者进行协商变更程序;第三,用人单位履行提前30日以书面形式通知劳动者本人的程序性义务;第四,用人单位支付劳动者经济补偿金;第五,预告辞退不适用非全日制劳动者。[①] 否则,用人单位属于违法解除劳动合同。

用人单位享有经营自主权,但用人单位在行使其经营自主权的过程中,不得损害劳动者的合法权益,用人单位因企业生产经营的需要,可以调整、变动员工的工作岗位,但调整工作岗位后劳动者的工资水平应与原岗位基本相当,调整后的工作岗位不具有侮辱性和惩罚性。用人单位调整、变更员工的工作岗位,亦是对劳动合同约定条款的变更,也可以通过与员工协商一致的方式变更。

本案中,公司未与劳动者协商一致,即撤销了张某的原工作岗位。在此情况下,公司要求张某须经过面试甄选通过后方可转职,显然不是对张某的合理安排,而公司其后给张某安排的新岗位职级、薪级明显低于原岗位职级、薪级,公司在行使其经营自主权时,未充分考虑、保障员工的劳动权益,其撤销、调整张某岗位的行为已损害张某的合法权益,张某有权予以拒绝,公司因此解除与张某的劳动合同,构成违法解除。

【核心法条链接】

《中华人民共和国劳动合同法》

第四十条　有下列情形之一的,用人单位提前三十日以书面形式通知劳动者本人或者额外支付劳动者一个月工资后,可以解除劳动合同:

---

① 王全兴:《劳动法》,法律出版社2017年版,第218页。

（一）劳动者患病或者非因工负伤，在规定的医疗期满后不能从事原工作，也不能从事由用人单位另行安排的工作的；

（二）劳动者不能胜任工作，经过培训或者调整工作岗位，仍不能胜任工作的；

（三）劳动合同订立时所依据的客观情况发生重大变化，致使劳动合同无法履行，经用人单位与劳动者协商，未能就变更劳动合同内容达成协议的。

原劳动部《关于〈中华人民共和国劳动法〉若干条文的说明》

第二十六条　有下列情形之一的，用人单位可以解除劳动合同，但是应当提前三十日以书面形式通知劳动者本人：

（一）劳动者患病或者非因工负伤，医疗期满后，不能从事原工作也不能从事由用人单位另行安排的工作的；

（二）劳动者不能胜任工作，经过培训或者调整工作岗位，仍不能胜任工作的；

（三）劳动合同订立时所依据的客观情况发生重大变化，致使原劳动合同无法履行，经当事人协商不能就变更劳动合同达成协议的。

本条第（一）项指劳动者医疗期满后，不能从事原工作的，由原用人单位另行安排适当工作之后，仍不能从事另行安排的工作的，可以解除劳动合同。

本条第（二）项中的"不能胜任工作"，是指不能按要求完成劳动合同中约定的任务或者同工种，同岗位人员的工作量。用人单位不得故意提高定额标准，使劳动者无法完成。

本条中的"客观情况"指：发生不可抗力或出现致使劳动合同全部或部分条款无法履行的其他情况，如企业迁移、被兼并、企业资产转移等，并且排除本法第二十六条所列的客观情况。

【实务操作建议】

用人单位以劳动合同订立时所依据的客观情况发生重大变化，致使劳动合同无法履行为由解除劳动合同，应注意：第一，确定"客观情况发生重大变化"且影响劳动合同的履行；第二，与劳动者进行协商变更程序；第三，未能变更劳动合同后，才能履行用人单位的预告解除权；第四，解除劳动合同之后，用人单位应支付劳动者经济补偿；第五，注意留存证据，对于"客观情况发生重大变化"、与劳动者协商等事宜应制定书面证明材料,由劳动者签字确认,以维护用人单位的合法权益。

"客观情况发生重大变化"系发生不可抗力或致使劳动合同全部或部分条款无法履行的情形。客观情况多会影响用人单位整体的生存和发展,需法院根据个案情况进行判断。用人单位需对此承担举证责任并向法院提供证明存在足以影响劳动合同继续履行的证据材料。如用人单位未能证明存在"客观情况发生重大变化",或用人单位未经法定程序(如与劳动者协商、支付经济补偿金等),用人单位解除劳动合同应认定为违法解除,劳动者有权按照《劳动合同法》第 48 条的规定要求继续履行劳动合同;劳动者不要求继续履行劳动合同或劳动合同已经无法继续履行的,劳动者也可选择要求用人单位支付违法解除的赔偿金。

(撰稿人:盛蕙婷)

十、工作地点的变更

【案情介绍】①

陈某系某家具公司职工，于2010年5月10日入职，工作内容为板式车间清洗。2018年12月4日，陈某因家具公司不按时足额支付工资（包括加班费）、不购买社会保险、不提供劳动防护用品以及公司搬迁至四会市等原因，书面提出与家具公司解除劳动关系。

家具公司辩称如下：

第一，家具公司已经按时足额支付陈某的劳动报酬包括加班工资，陈某的应发工资是高于劳动合同约定的标准的，且应发工资已经列明了加班工资项目，陈某的工资也符合当地行业的正常收入水平，陈某均没有提出过异议，应视为双方已经以实际履行行为对劳动者每月的工资进行约定。即使陈某主张应当支付的加班工资，部分已经超过了仲裁时效，依法应予以驳回。

第三，陈某无权要求家具公司支付高温津贴，根据《广东省高温天气劳动保护办法》第13条的规定，陈某是没有从事露天岗位工作的，而且家具公司也已经采取了风扇通风、提供降暑饮品等多种措施，将工作场所温度降至33℃以下，陈某不符合上述办法高温津贴的发放条件，其主张没有法律依据，即使家具公司应当支付，陈某主张支付高温津贴已经超过一年的部分，超过了仲裁时效，依法应予以驳回。

第四，家具公司与陈某签订了劳动合同，陈某要求未签订劳动合同二倍工资差额没有法律及事实依据，即使应当支付，对超过一年的二倍工资差额依法应予以驳回。

第五，陈某是单方选择不参加社会保险，其无权以家具公司未买社保为

① 案例来源：中国裁判文书网，(2019)粤0111民初5943、6940号。

由主张解除劳动合同,双方因此方达成约定不购买社会保险而是以社保补贴的形式发放给陈某,陈某的工资条中也已经列明了该项目,陈某之后也从未要求家具公司购买社保。

第七,陈某无权以公司搬迁为由要求解除劳动关系并主张经济补偿金,双方签订的劳动合同并未约定具体的工作地点,也并未限定在广州市。公司搬迁没有对陈某的生活造成实质影响,公司也为员工往返四会市提供了班车往来,也提供了免费的员工宿舍,对于前往四会市工作的员工都给予加薪,家具公司当时也愿意提供同薪酬在广州的车间仓库或者档案室等的工作岗位,公司已经采取了多种合理的弥补措施。家具公司是因为政府对公司车间所在地块进行拆迁而被迫强制搬迁,该情形就属于订立劳动合同时双方均无法预见的客观情况发生变化。根据《劳动合同法》的规定,不属于员工单方解除劳动合同的范畴,陈某不能以此为由单方解除劳动合同并要求支付经济补偿金。

【处理结果】

法院认为:陈某与家具公司依法建立劳动关系,双方均应按照法律规定、合同约定履行各自的义务,双方的合法权益均受法律保护。

关于陈某诉请的平时加班费差额、休息日加班费,因家具公司每月均将陈某加班工时计算在基本工资中一并发放,并另行补发了加班费,二者之和与陈某按照劳动合同约定的底薪计算出的加班费基本相当,陈某当庭表示知晓实发工资构成且认可家具公司所述的工资发放内容,陈某在领取工资时亦未对加班费提出过异议,现陈某要求家具公司补发加班费,于法无据,不予支持。

关于陈某诉请的解除劳动合同经济补偿金,由于家具公司与陈某签订的《劳动合同》约定工作地点不明,但实际履行过程中陈某一直在广州市工作,故双方以实际履行的方式确定了陈某的工作地点为广州市,后家具公司因所在地被依法征收将公司搬迁至广东省四会市,显然陈某的工作地点发生了重大调整。工作地点不仅是劳动者的工作场所,同时亦是劳动者日常生活和社会人际交往之依托,现家具公司将陈某的工作地点从广州市变更为四会市,两地距离遥远,且城市周边环境、生活设施等各方面均有较大的不同,上述工作地点的异地跨市变动,必然会对陈某的日常生活及人际往来等方面产生明显的影响,故该工作地点的调整属于对陈某劳动权益的重大变更。根据双方签署的《劳动合同》的约定,家具公司需要陈某到合同约定以外的地点工作的,经双方协商一致,可以变更劳动合同相关内容,但本案中对于工作地点的重大变更,双方未能协商一致,故陈某以工作地点变更的原因提出解除劳动合同,符合《劳动合同法》第 38 条第 1 款第 1 项之规定,根据《劳动合同法》第 46 条第 1 项之规定,家具公司应支付陈某解除劳动合同的经济补偿金。

【争议焦点】

本案的主要争议点在于职工陈某因工作地点变动而引发的劳动合同问题,即家具公司因所在地被征收而搬迁,陈某也因此需要调整工作地点,与此前工作地相去较远。对于用人单位家具公司的行为是否违反劳动法律的有关规定、劳动者是否有权解除劳动合同等问题,需要深入案件事实,并结合相关法律规定,进行综合分析。

【案例评析】

根据《劳动合同法》第 17 条的规定,劳动合同应当具备以下条款:工作内容和工作地点;又根据《劳动合同法》第 35 条的规定:用人单位与劳动者协商一致,可以变更劳动合同约定的内容。由此可见,工作地点是劳动合同的必备条款,工作地点的变更,实质上就是劳动合同内容的变更,应当经用人单位和劳动者协商一致方可变更。如果用人单位单方面变更工作地点,则可能属于"用人单位未按照劳动合同约定提供劳动条件"的情形,劳动者有权解除劳动合同,并要求获得经济补偿。

在本案中,首先,家具公司与陈某签订的劳动合同虽未约定具体的工作地点,但这并不意味着家具公司可以随意更改陈某的工作地点;其次,从陈某的职务来看,陈某主要从事板式车间清洗工作,工作内容重复性较强且地点较为固定,并不存在需要奔波走动的情况。因此,除公司搬迁等特殊情况外,陈某几乎不存在更换工作地点的可能性。本案中,家具公司从广州市搬迁至广东省四会市,显然使陈某的工作地点发生了变动,对陈某的生活造成了较大影响,根据法律规定,家具公司应当和陈某协商一致才能变更其工作地点,若家具公司单方面变更,则属于劳动者有权解除劳动合同并获得经济补偿的情形。

在实践中,用人单位常常会认为自己是在劳动合同约定的工作地点范围内变更,但劳动者认为是用人单位擅自变更工作地点,法院对此类案件的裁判结果也不完全一致。工作地点是指劳动者履行劳动合同约定义务的地点,其可以是用人单位的住址,也可以与用人单位的住址相分离,工作地点关系劳动者的工作环境、生活环境以及劳动者的就业选择。判断工作地点的变更是否合理,应从以下几个方面考虑:

首先,考虑工作地点变更是否造成了劳动合同的变更,即是否超出订立劳动合同时双方的合意。例如,在同一栋楼宇甚至同一辖区范围内变动工作地点,可以视为未超出订立劳动合同时双方的合意。其次,考虑用人单位变更劳动者的工作地点是否为经营所必需,即变更劳动者工作地点是基于企业生产经营目的所作的决定,而不是企业为造成劳动者负担或逼迫劳动者离职的手段。① 最后,考虑变更劳动者工作地点后的工作条件变化,若用人单位积极采取合理弥补措施,如提高工资水平、减轻工作压力、改善工作环境以及升职等,则不应强行增加用人单位履行原合同的压力,更应尊重市场经济自我运作的规律。

【核心法条链接】

《中华人民共和国劳动合同法》

第十七条　劳动合同应当具备以下条款:

……

(四)工作内容和工作地点;

……

第三十五条　用人单位与劳动者协商一致,可以变更劳动合同约定的内容。变更劳动合同,应当采用书面形式。

第三十八条　用人单位有下列情形之一的,劳动者可以解除劳动合同:

(一)未按照劳动合同约定提供劳动保护或者劳动条件的;

第四十六条　有下列情形之一的,用人单位应当向劳动者支付经济补偿:

……

(一)劳动者依照本法第三十八条规定解除劳动合同的;

---

① 周沁菡:《用人单位单方变更工作地点法律问题探析》,载《中国经贸导刊(中)》2020年第6期。

……

第四十七条 经济补偿按劳动者在本单位工作的年限,每满一年支付一个月工资的标准向劳动者支付。六个月以上不满一年的,按一年计算;不满六个月的,向劳动者支付半个月工资的经济补偿。

【实务操作建议】

工作地点是劳动者履行劳动合同的所在地,一旦劳动者的工作地点发生变动,其居住、交通、生活等条件将受到一定影响,可能导致合同无法继续履行,从而影响双方的劳动关系。[1] 用人单位如果要变更劳动者的工作地点,应当征得劳动者的同意,同时尽可能地弥补劳动者。具体可以把握以下几个方面:

第一,如因工作地点变更,导致劳动者上班路途变远、通勤时间增加、交通成本提高的,用人单位应对劳动者予以交通补贴,或提供定期往返班车以增进通行便利,或可将通勤时间视为工作时间。[2]

第二,工作地点变更后,用人单位应尽可能地采取措施改善工作条件,争取做到不劣于或优于之前的工作条件。

第三,若导致工资待遇降低的,应当考察用人单位的具体状况;若是因经营状况不佳导致的,则应至少保持工资薪酬不低于劳动者的正常生活水平;若是用人单位出于不当目的导致的,则应保护劳动者的合法权益。

（撰稿人:沈诩斐）

---

[1] 教玲:《劳动合同中明确工作地点之必要性》,载《山西省政法管理干部学院学报》2016年第4期。

[2] 李富成:《用人单位单方变更工作地点的理论重述与规制路径——以调动权的正当性和合理性认定为中心》,载《山东工会论坛》2020年第3期。

十一、用人单位单方面调薪的实务操作

【案情介绍】①

2008 年 5 月 2 日起,杨某(原告)入职某汽车销售服务有限公司(被告)工作。2014 年 11 月 1 日,双方签订书面劳动合同书,杨某任职售后部经理。在合同书中,杨某同意公司可以根据生产经营需要及其身体健康情况单方变更工作岗位(工种)和工作地点,并同意薪酬随岗位而变更;公司正常工作时间的工资按第一种形式(第一种形式内容:试用期工资 1720 元/月,试用期满工资 1720 元/月)执行,不得低于当地最低工资标准,双方确认本企业的正常工作时间工资为被告所在地法定最低工资(加班时间的确定按被告规章制度及每月的排班表);杨某同意公司根据实际经营状况、内部规章制度、对自己的考核结果,以及自己的工作年限、奖罚记录、岗位和工作内容变化等,调整工资水平,但调整的工资不可低于当地规定的最低工资标准;公司根据企业的经营状况和依法制定的工资分配办法调整杨某工资,杨某在 60 日内未提出异议的视为同意;公司根据《岗位评估表》对员工每月评估一次,由人事部组织进行评估,连续两个月考核分低于 70 分者公司对员工进行调岗,调岗后的薪酬根据《岗位级别认定书》执行。

2018 年 11 月 15 日,公司发布《关于售后满意度杨某失职通告》,通报 2018 年度杨某售后服务排名下降甚至低于区域平均分值。

2019 年 11 月 13 日,公司作出《通报》,以杨某将个人的超载系统账号和密码给别人使用,违反公司制度为由,取消杨某 10 月份绩效。

2019 年 11 月 19 日,公司作出《处罚通告》,主要内容为:杨某任职期间服务满意度低,管理工作失职,导致公司经济损失,经公司董事会研究决定对其进行处罚,免去其前台服务经理职务,调整为服务顾问。

---

① 案例来源:中国裁判文书网,(2019)粤 0403 民初 2015 号。

2018 年 12 月 10 日,公司将杨某 11 月份工资按照前台经理的标准发放,并扣罚管理绩效 20 分。

2019 年 3 月 27 日,杨某以公司未经其同意单方变更合同,在其提供正常劳动时支付低于最低工资标准(扣除加班费、津贴和其他合法福利待遇外),违反法律规定,其因此提出辞职为由,向珠海市斗门区劳动人事争议仲裁委员会提出申请,请求裁决:公司支付经济补偿金 80300 元。2019 年 5 月 13 日,仲裁委员会裁决驳回原告的仲裁请求。

后杨某以用人单位违法调薪为由向人民法院提出诉讼请求:请求判令被告向原告支付经济补偿金 80300 元。

【处理结果】

人民法院判决用人单位并非违法调薪,无须支付经济补偿金。

【争议焦点】

基本工资低于当地最低工资水平是否合法?用人单位单方面变更岗位引起薪资水平的改变是否属于违法调薪?

【案例评析】

1.根据《中华人民共和国劳动和社会保障部令(第 21 号)最低工资规定》,在剔除加班工资、特殊条件津贴和法定福利待遇后,支付给劳动者的工资不得低于当地最低工资水平,本条所称工资并非基本工资,而是实际支付给劳动者的工资。所谓基本工资是劳动者在法定或约定的工作时间内提供正常劳动所得的报酬,也就是工资中的基本组成部分。而最低工资是满足职工及其平均供养人口的基本生活需要的标准。案件中经审理得知在剔除各项后,杨某还存在绩效工资,因此实发工资并未低于当地 1720 元/月的标准,而杨某主张作为劳动者不去区分最低工资和基本工资的含义有什么区别,只需知道双方签订的合同约定正常工作时间的工资是 1720 元是不符合法律规定的,用人单位发放给杨某调整后的工资不低于当地最低工资标准,没有违反劳动合同及法律、行政法规的强制性规定。因此,杨某以基本工资低于最低工资水平为由提出辞职并无法律依据。

2.根据《劳动合同法》第 3 条、第 4 条的规定,用人单位合法单方面变更薪资水平应当满足以下几个要件:(1)双方签订的劳动合同具有约束力,应当遵循合法、公平、平等自愿、协商一致、诚实信用的原则。(2)将直接涉及劳动者切身利益的规章制度和重大事项决定公示,或者告知劳动者。

用人单位和劳动者订立劳动合同时应当遵循合法、公平、平等自愿、协商一致、诚实信用的原则,双方应当自觉履行合同中约定的义务。本案中,用人单位在合同中约定本单位可以实际经营状况、内部规章制度、对劳动者的考核结果,以及劳动者的工作年限、奖罚记录、岗位和工作内容变化等,调整工资水平,但不低于当地最低工资标准,该条款合法、公平,不违背公序良俗,属于劳动合同中的有效条款。用人单位与杨某签订劳动合同时,不存在欺诈胁迫等行为,平等自愿、协商一致,该劳动合同具有约束力。因此该劳动合同生效后,双方应当履行合同中约定的义务。用人单位不仅告知对方关于公司可单方面变更薪酬,并且杨某在 60 日内可提出异议,对此杨某明确表示同意。由此可见该项义务经过了双方充分协商约定,并非在劳动者不知情的情况下用人单位增设的条款。

3.根据《劳动法》第 26 条第 2 项的规定,劳动者不能胜任工作,经过培训或者调整工作岗位,仍不能胜任工作的,用人单位可以解除劳动合同,但是应当提前 30 日以书面形式通知劳动者本人。由此可见,当劳动者不能胜任工作时,用人单位有权调岗(该调岗可对工资进行调整)。但用人单位对劳动者不能胜任工作承担举证责任。劳动者拒绝调岗的,用人单位可以据此解除劳动合同,属于合法解除。

本案中杨某认为被告违法调整其薪酬,只要合同约定了工资额,用人单位就不能够单方调整,即使被告依据《合同》第 4 条第 3 款调整,被告也要提供证据,达到"三性"的标准,而不是以合同有约定,单位就可以单方调整。而用人单位将调整后的工资条交原告签名确认后发放工资的事实,充分证明用人单位单方调薪的行为是依据劳动合同实施,并且杨某具有知情权和异议权。因此杨某单位单方变更薪资水平属于合法变更,有合同依据,是对企业的管理行为,理由不成立,原告因此提出辞职并要求被告支付经济补偿金的诉讼请求不应当予以支持。

【核心法条链接】

《中华人民共和国劳动合同法》

第三条　订立劳动合同,应当遵循合法、公平、平等自愿、协商一致、诚实信用的原则。

依法订立的劳动合同具有约束力,用人单位与劳动者应当履行劳动合同约定的义务。

第四条 用人单位应当依法建立和完善劳动规章制度,保障劳动者享有劳动权利、履行劳动义务。

用人单位在制定、修改或者决定有关劳动报酬、工作时间、休息休假、劳动安全卫生、保险福利、职工培训、劳动纪律以及劳动定额管理等直接涉及劳动者切身利益的规章制度或者重大事项时,应当经职工代表大会或者全体职工讨论,提出方案和意见,与工会或者职工代表平等协商确定。

在规章制度和重大事项决定实施过程中,工会或者职工认为不适当的,有权向用人单位提出,通过协商予以修改完善。

用人单位应当将直接涉及劳动者切身利益的规章制度和重大事项决定公示,或者告知劳动者。

《中华人民共和国劳动法》

第二十六条 有下列情形之一的,用人单位可以解除劳动合同,但是应当提前三十日以书面形式通知劳动者本人:

(一)劳动者患病或者非因工负伤,医疗期满后,不能从事原工作也不能从事由用人单位另行安排的工作的;

(二)劳动者不能胜任工作,经过培训或者调整工作岗位,仍不能胜任工作的;

(三)劳动合同订立时所依据的客观情况发生重大变化,致使原劳动合同无法履行,经当事人协商不能就变更劳动合同达成协议的。

《最低工资规定》

第十二条 在劳动者提供正常劳动的情况下,用人单位应支付给劳动者的工资在剔除下列各项以后,不得低于当地最低工资标准:

(一)延长工作时间工资;

(二)中班、夜班、高温、低温、井下、有毒有害等特殊工作环境、条件下的津贴;

(三)法律、法规和国家规定的劳动者福利待遇等。

【实务操作建议】

1.用人单位若想让本单位有单方面调薪的权利,应当在签订劳动合同时,约定用人单位有权利根据本单位的实际经营状况、内部规章制度、对劳动者的考核结果,以及劳动者本人的工作年限、奖罚记录、岗位和工作内容变化等,调整工资水平或者变更薪酬水平。并且保证双方在自愿协商的基础上签订劳动合同,确保该劳动合同合法有效。

2.劳动者薪酬水平变更原因以及衡量标准要明确,具体标准可参考劳动合同相关条款。变更理由要具有客观性、公正性。用人单位调薪后,应及时通过邮件、短信或者其他公示的方式告知劳动者原因,给予对方提出异议的权利,但用人单位更改后的薪酬不得低于当地最低工资水平。

3.在用人单位进行调薪后,要以明示的方式确保对方知情。可参考的方法如发放工资条后要获得劳动者本人的签名或者相关回执。

4.采取结构性浮动工资,在约定区间内进行调整。用人单位可以在劳动合同中明确约定工资构成由固定工资和浮动工资组成。固定工资包括基本工资、岗位工资、技能工资,浮动工资包括绩效工资、奖金、提成等。浮动工资在劳动合同约定范围内可以进行调整。

用人单位应对上述各步骤承担举证责任并提供相应的证据材料。如用人单位不能证明双方约定用人单位可单方调整劳动者薪酬,或用人单位变更薪酬的结果及其原因已让劳动者知晓,或调整后的工资不低于当地最低工资标准,用人单位的单方调薪行为应被认定为违法行为,劳动者有权向用人单位提出辞职并要求用人单位支付经济补偿金。

(撰稿人:张　璐)

十二、加班工资基数的认定

【案情介绍】①

原告丘某是被告深圳某电子有限公司的员工,2016 年 6 月 14 日至 2019 年 5 月 23 日在该公司工作。丘某与公司共同认可的劳动合同显示,丘某的工资构成为"深圳市最低工资标准＋加班工资＋正班奖金＋加班奖金＋社保费＋住房公积金＝总收入",同时结合公司的实际情况,享受福利和报销,加班工资的计算基数为深圳市最低工资标准。

原告提交的工资表显示 2017 年 6 月至 2018 年 6 月期间,原告每月工资为基本工资(深圳市最低工资标准)＋加班工资＋基本工时奖金＋加班奖金(基数为 12.92 元每小时)＋为购买社保费补偿金＋其他有薪假工资＋报销费用－社保、薪金税等;自 2018 年 7 月起,原告的工资表显示工资构成较 2018 年 7 月前无报销费用,加班资金基数调整为 26.33 元或 26.26 元,双方认可加班资金计算方式为加班资金计算基数乘以加班小时数,被告对工资表的真实性予以确认。

双方的争议焦点主要在两个方面,一是确定加班资金的计算基数,二是原告是否构成被迫解除劳动合同。原告主张 2017 年 6 月至 2018 年 6 月期间加班资金计算基数应为 26.33 元,住房公积金被告未发放,对其他工资构成部分予以认可。对此法院认为,原被告未明确约定正班奖金及加班资金的具体计算方式,原告主张按照 26.33 元作为加班资金计算基数无事实依据,且原告提交的工资表证明被告发放的工资项目在劳动合同约定的工资构成项目内;被告自 2017 年 6 月起一直未发放住房公积金,而原告未举证证明在申请仲裁前对住房公积金提出过异议。另外,被告在实际支付的工资中除奖金之外的工资不低于深圳市最低工资标准,故法院对上述原告工

---

①　案例来源:中国裁判文书网,(2019)粤 0306 民初 23385 号。

资表显示的工资构成予以认定。

原告于 2019 年 5 月 24 日向被告邮寄被迫解除劳动合同通知书,解除劳动合同理由有:未及时足额支付劳动报酬、未足额缴纳社会保险、住房公积金。法院认为,原告提交的银行流水未显示被告未及时发放工资,而被告发放的工资不低于深圳市最低工资标准且符合劳动合同约定的工资构成,故不存在未足额发放工资;原告未举证证明已要求被告缴纳社会保险而被告未在一个月内予以补缴,不构成支付解除劳动合同经济补偿金的法定理由;原告在工资发放近两年内未举证证明对住房公积金的发放提出异议,故对原告主张被告未足额缴纳住房公积金法院不予认定。综上,法院认为,原告提出被迫解除劳动合同的理由事实依据不足,被告无须向原告支付解除劳动合同经济补偿金。

本案中原告诉请被告向原告支付 2017 年 6 月 1 日至 2018 年 6 月 1 日未足额支付的工资 2400 元和解除劳动合同经济补偿金 23889 元。法院判决如下:

1. 被告深圳某电子有限公司于本判决生效之日起十日内向原告丘某支付 2019 年 5 月 1 日至 23 日工资 371.45 元;

2. 被告深圳某电子有限公司于本判决生效之日起十日内向原告丘某出具离职证明及为其办理社会保险转移手续;

3. 驳回原告丘某的全部诉讼请求。

另,2019 年 5 月 27 日,原告提起仲裁请求被告支付原告 2017 年 6 月 1 日至 2018 年 6 月 1 日未足额支付的工资 6000 元、解除劳动合同经济补偿金 23889 元、因事假违法克扣的工资 700 元、健康体检费 300 元、2019 年 5 月工资 5800 元;被告为原告补缴 2017 年 7 月至 2019 年 5 月社会保险及 2017 年 7 月至 2019 年 5 月住房公积金;被告向原告出具离职证明并转移社保。仲裁结果为被告向原告支付 2019 年 5 月 1 日至 5 月 23 日工资 371.45 元,被告向原告出具离职证明及为其办理社会保险转移手续,驳回原告的其他仲裁请求。

【处理结果】

加班工资计算基数以原告工资表显示为准,被告无须向原告支付解除劳动合同经济补偿金。

【争议焦点】

加班资金的计算基数如何确定？原告是否构成被迫解除劳动合同？

【案例评析】

本案中原被告双方的争议焦点主要在两个方面，一是加班资金的计算基数，二是原告是否构成被迫解除劳动合同。而未足额支付劳动报酬又构成了是否属于被迫解除劳动合同的重要原因之一，因此，处理本案的关键就在于加班工资计算基数的认定。

要想明确加班工资计算基数的认定，就必须清楚"加班工资"的具体内涵。原劳动部颁布的《关于贯彻执行〈中华人民共和国劳动法〉若干问题的意见》第 53 条定义了工资的基本概念并将"延长工作时间的工资"作为工资的组成部分。① 因此，加班工资应当理解为因劳动者在标准工作时间之外延长工作时间应付的工资报酬。

关于如何计算加班工资，《劳动法》等规定在计算方式上已有明确规定②，但劳动法将"工资"作为计算基数，未免过于语焉不详，容易造成实务中的混乱。因此，其他条文对这一概念作了进一步的解释或者作出了更详细的规定。原劳动部颁布的《关于〈中华人民共和国劳动法〉若干条文的说明》将本条的"工资"概念具体界定为"用人单位规定的其本人的基本工资"。③《工资支付暂行规定》第 13 条则将"不低于劳动合同规定的劳动者本人日或小时工资标准"作为加班工资计算基数。从以上规范中可以看出，

---

① 劳动法中的"工资"是指用人单位依据国家有关规定或劳动合同的约定，以货币形式直接支付给本单位劳动者的劳动报酬，一般包括计时工资、计件工资、奖金、津贴和补贴、延长工作时间的工资报酬以及特殊情况下支付的工资等。

② 《劳动法》第 44 条规定：有下列情形之一的，用人单位应当按照下列标准支付高于劳动者正常工作时间工资的工资报酬：（一）安排劳动者延长工作时间的，支付不低于工资的百分之一百五十的工资报酬；（二）休息日安排劳动者工作又不能安排补休的，支付不低于工资的百分之二百的工资报酬；（三）法定休假日安排劳动者工作的，支付不低于工资的百分之三百的工资报酬。

③ 原劳动部《关于〈中华人民共和国劳动法〉若干条文的说明》对《劳动法》第 44 条作如下解释，本条的"工资"，实行计时工资的用人单位，指的是用人单位规定的其本人的基本工资，其计算方法是：用月基本工资除以月法定工作天数（23.5 天）即得日工资，用日工资除以日工作时间即得小时工资；实行计件工资的用人单位，指的是劳动者在加班加点的工作时间内应得的计件工资。

加班工资计算基数主要是通过劳动合同约定或者用人单位规定予以确认。

对于加班工资计算基数是否允许劳资双方在劳动合同中自行约定,不同学者存在不同的观点。黎建飞教授认为,法定高于约定是法治的一项基本原则。我国法律已经对加班工资的计算方式作了明确规定,劳动关系的双方当事人只能遵守法律规定,而不能通过约定来改变法律的明确规定。黄振东教授则认为,鉴于劳动力过剩的中国国情,劳动者在签订劳动合同时往往只有同意或不同意的权利,没有平等协商的权利,如果允许双方自由约定加班工资的计算基数,极易损害劳动者的权利。因此,原则上应禁止用人单位和单个劳动者确定加班工资的计算基数。陈伟忠和刘文华教授则认为,双方约定加班工资计算基数,应当视为有效。只要这一基数不低于最低工资这一法律底线,应当给劳动者和用人单位进行约定的一个空间,关键是这一约定有没有与劳动者进行平等自愿协商一致。[1] 本书认同后者,实践中由于行业、岗位和工种的差异,劳动者付出差异性的劳动,理应获得差异性的劳动报酬,并以差异性的基本工资作为加班工资计算基数,计算基数由法律直接规定只会带来与实践脱节的恶果,故应允许劳资双方协商约定计算基数。另外,最低工资保障机制也应发挥作用,即加班工资的计算基数不能低于当地最低工资标准。

有学者统计了美国、加拿大、日本、韩国等国家和地区的加班工资支付比例,并与中国的相关规定对比后发现,我国加班工资的溢价率不仅高于国际标准,亦高于其他一些国家和地区。[2] 与立法上极高的加班工资溢价率相对应,加班工资补偿功能通过一系列手段在司法实践中被严重弱化:首先,目前全国大部分地区都支持不低于最低工资标准的约定基数;其次,包薪制形式在司法实践中得到认可。所谓包薪制是指用人单位与劳动者约定了正常工作时间的工资标准,且约定应发工资中包含"加班工资"。如果双方未明确约定正常工资标准,也未约定是否包含加班工资,但是用人单位举证证明已支付的工资中包含正常工资和加班工资,且不违反关于最低工资

---

① 周国良、黎建飞、刘文华等:《专家视点:加班和加班工资》,载《中国劳动》2008 年第 12 期。

② 侯玲玲:《我国加班工资计算基数的地方裁审规则——以北京、上海、广东、深圳为样本》,载《法学》2014 年第 6 期。

和加班工资计算规则的,司法机关亦认可这种加班工资的发放方式。①

另外,由于法律法规层级的立法不明确,地方立法中对加班工资计算基数的规定各有千秋,大致可以归为以下六种:第一,以劳动合同约定的工资标准为基数,如上海市、北京市、浙江省、福建省、山西省、湖南省、新疆维吾尔自治区;第二,实际领取的劳动报酬减去部分劳动收入项目之后为基数,如天津市、重庆市、陕西省、广东省、山东省、武汉市;第三,在用人单位的工资支付制度或者劳动合同中明确基数,如昆明市;第四,以劳动者实发工资总额为基数,如河北省、广西壮族自治区;第五,以劳动者本人日、时基本工资为基数,如河南省;第六,以劳动者前12个月的平均工资为基数,如江苏省、安徽省。② 各地立法不一,固然有地方经济发展水平的差异和地方经济社会政策的导向,但更重要的是立法的模糊使地方立法机关有解释和操作的空间,孰优孰劣不能一言以蔽之,是否需要吸收地方经验统一全国立法也有待进一步研究。

地方立法虽然各异,但随着实践的发展,北京、上海、广东、深圳四地关于加班工资计算基数的裁审规则趋同于书面劳动合同约定优先。另外,包薪制的确认进一步削弱了加班工资的补偿功能。包薪制下,正常工作时间工资随着加班时数的变化而变化,以致无法区分开正常工作时间工资和加班工资,③正常工作时间只要没有突破当地最低工资标准就没有违法之虞。本案中,法院正是通过包薪制判断加班工资计算基数是否低于深圳市最低工资标准,得出用人单位已经足额支付了加班工资的结论,并将其作为用人单位不构成强迫解除劳动合同的证据之一。

【核心法条链接】

《中华人民共和国劳动法》

第四十四条 有下列情形之一的,用人单位应当按照下列标准支付高于劳动者正常工作时间工资的工资报酬:

(一)安排劳动者延长工作时间的,支付不低于工资的百分之一百五十

---

① 班小辉:《反思"996"工作制:我国工作时间基准的强制性与弹性化问题》,载《时代法学》2019年第6期。

② 申岩:《论加班工资计算基数的确定》,载《山东工会论坛》2016年第5期。

③ 侯玲玲:《我国加班工资计算基数的地方裁审规则——以北京、上海、广东、深圳为样本》,载《法学》2014年第6期。

的工资报酬；

（二）休息日安排劳动者工作又不能安排补休的，支付不低于工资的百分之二百的工资报酬；

（三）法定休假日安排劳动者工作的，支付不低于工资的百分之三百的工资报酬。

《中华人民共和国劳动合同法》

第三十一条　用人单位应当严格执行劳动定额标准，不得强迫或者变相强迫劳动者加班。用人单位安排加班的，应当按照国家有关规定向劳动者支付加班费。

第八十五条　用人单位有下列情形之一的，由劳动行政部门责令限期支付劳动报酬、加班费或者经济补偿；劳动报酬低于当地最低工资标准的，应当支付其差额部分；逾期不支付的，责令用人单位按应付金额百分之五十以上百分之一百以下的标准向劳动者加付赔偿金：

（一）未按照劳动合同的约定或者国家规定及时足额支付劳动者劳动报酬的；

（二）低于当地最低工资标准支付劳动者工资的；

（三）安排加班不支付加班费的；

（四）解除或者终止劳动合同，未依照本法规定向劳动者支付经济补偿的。

《工资支付暂行规定》

第十三条　用人单位在劳动者完成劳动定额或规定的工作任务后，根据实际需要安排劳动者在法定标准工作时间以外工作的，应按以下标准支付工资：

（一）用人单位依法安排劳动者在日法定标准工作时间以外延长工作时间的，按照不低于劳动合同规定的劳动者本人小时工资标准的150%支付劳动者工资；

（二）用人单位依法安排劳动者在休息日工作，而又不能安排补休的，按照不低于劳动合同规定的劳动者本人日或小时工资标准的200%支付劳动者工资；

（三）用人单位依法安排劳动者在法定休假节日工作的，按照不低于劳动合同规定的劳动者本人日或小时工资标准的300%支付劳动者工资。

实行计件工资的劳动者，在完成计件定额任务后，由用人单位安排延长工作时间的,应根据上述规定的原则,分别按照不低于其本人法定工作时间计件单价的150%、200%、300%支付其工资。

经劳动行政部门批准实行综合计算工时工作制的,其综合计算工作时间超过法定标准工作时间的部分,应视为延长工作时间,并应按本规定支付劳动者延长工作时间的工资。

实行不定时工时制度的劳动者,不执行上述规定。

原劳动部《关于〈中华人民共和国劳动法〉若干条文的说明》

第四十四条　有下列情形之一的,用人单位应当按照下列标准支付高于劳动者正常工作时间工资的工资报酬:

(一)安排劳动者延长工作时间的,支付不低于工资的百分之一百五十的工资报酬;

(二)休息日安排劳动者工作又不能安排补休的,支付不低于工资的百分之二百的工资报酬;

(三)法定休假日安排劳动者工作的,支付不低于工资的百分之三百的工资报酬。

本条的"工资",实行计时工资的用人单位,指的是用人单位规定的其本人的基本工资,其计算方法是:用月基本工资除以月法定工作天数(23.5天)即得日工资,用日工资除以日工作时间即得小时工资;实行计件工资的用人单位,指的是劳动者在加班加点的工作时间内应得的计件工资。

原劳动部《关于贯彻执行〈中华人民共和国劳动法〉若干问题的意见》

55.劳动法第四十四条中的"劳动者正常工作时间工资"是指劳动合同规定的劳动者本人所在工作岗位(职位)相对应的工资。鉴定当前劳动合同制度尚处于推进过程中,按上述规定执行确有困难的用人单位,地方或行业劳动部门可在不违反劳动部《关于工资〈支付暂行规定〉有关问题的补充规定》(劳部发〔1995〕226号)文件所确定的总的原则的基础上,制定过渡办法。

70.休息日安排劳动者工作的,应先按同等时间安排其补休,不能安排补休的应按劳动法第四十四条第(二)项的规定支付劳动者延长工作时间的工资报酬。法定节假日(元旦、春节、劳动节、国庆节)安排劳动者工作的,应按劳动法第四十四条第(三)项支付劳动者延长工作时间的工资报酬。

【实务操作建议】

从立法和司法实践来看,加班工资计算基数主要是通过劳动合同约定或者用人单位规定来确定的,同时受当地最低工资标准的限制。因此,用人单位应在劳动合同中与劳动中约定加班工资的计算基数,以此为基准发放加班工资,但计算基数不能低于当地最低工资标准。此外,由于多地在司法实践中确认了包薪制,因此用人单位在劳动合同中可以不直接确定具体的加班工资计算基数,而只是约定工资构成中包含加班工资,加班工资与其他种类的工资一同发放。需要注意的是,通过加班工资的计算公式倒推,加班工资计算基数不能低于最低工资标准。

(撰稿人:潘军宝)

十三、二倍工资的认定及其数额

【案情介绍】①

何某于 2016 年 10 月 15 日入职某五金厂从事生产工作,担任车工师傅一职。何某入职后,某五金厂为何某参加 2017 年 1 月至 2018 年 7 月的社会保险,但一直未与何某签订劳动合同。在职期间,五金厂通过银行转账的方式向何某发放工资。2018 年 7 月 2 日,何某出具《解除劳动关系通知书》,以五金厂未与何某签订劳动合同、未及时足额发放工资、从未发放高温津贴等为由提出解除与五金厂的劳动关系,何某于当日将上述通知书以邮寄方式送达给五金厂,并自该日起没有再回五金厂处上班。2018 年 7 月 12 日,何某提出仲裁申请,五金厂不服仲裁结果,向法院提起诉讼,其中何某的诉讼请求主要为:(1)确认五金厂与何某存在劳动关系;(2)向何某支付未签订劳动合同的双倍工资差额 71037 元。

【处理结果】

法院认为,何某入职五金厂担任车工师傅一职,虽然双方没有签订书面劳动合同,但五金厂与何某之间已建立了劳动关系,双方的合法权益均应受到劳动法律法规的保护。分析认定如下:

关于未签订劳动合同的双倍工资差额问题。《劳动合同法》第 10 条规定:"已建立劳动关系,未同时订立书面劳动合同的,应当自用工之日起一个月内订立书面劳动合同。"该法第 82 条规定:"用人单位自用工之日起超过一个月不满一年未与劳动者订立书面劳动合同的,应当向劳动者每月支付二倍的工资。"本案中,何某于 2016 年 10 月 15 日入职五金厂后,双方一直未签订书面劳动合同,五金厂依法应向何某支付 2016 年 11 月 15 日至 2017

---

①　案例来源:中国裁判文书网,民事判决书(2018)粤 0607 民初 5990、6024 号。

年 10 月 14 日期间按二倍标准计算的工资。

广东省高级人民法院、广东省劳动人事争议仲裁委员会《关于审理劳动人事争议案件若干问题的座谈会纪要》第 15 条规定:"劳动者请求用人单位支付未订立书面劳动合同二倍工资差额的仲裁时效,依照《劳动争议调解仲裁法》第二十七条第一款、第二款和第三款的规定确定。用人单位应支付的二倍工资差额,从劳动者主张权利之日起往前倒推一年,按月计算,对超过一年的二倍工资差额不予支持。"从何某主张权利之日起往前倒推一年即 2017 年 7 月 13 日至 2017 年 10 月 14 日,对何某主张 2016 年 12 月至 2017 年 7 月 12 日的二倍工资差额不予支持。鉴于何某 2017 年 7 月 13 日至 2017 年 10 月 14 日期间的工资已实际收取,五金厂支付双倍工资差额应按何某上述期间工资的一倍计算。

【争议焦点】

《劳动合同法》规定:用人单位自用工之日起超过 1 个月不满 1 年未与劳动者订立书面劳动合同的,应当向劳动者每月支付二倍的工资。《劳动争议调解仲裁法》规定:劳动争议申请仲裁的时效期间为 1 年。实践中对于这两个条款的综合适用存有争议,即"二倍工资"仲裁失效的起算点应当如何确定? 二倍工资的具体基数应当如何计算?

【案例评析】

2008 年 5 月 1 日起施行的《劳动争议调解仲裁法》第 27 条规定了劳动争议时效起算方式,即仲裁时效期间从当事人知道或者应当知道其权利被侵害之日起计算,或者从劳动关系存续期间因拖欠劳动报酬发生的争议自劳动关系终止之日起算。对于未订立书面劳动合同的双倍工资争议如何计算时效的问题,司法实践中有不同意见:

第一种意见认为二倍工资可以自双方劳动关系终止之日起算时效。第二种意见认为仲裁时效应当自用人单位应签却不签书面合同行为终了之日起算。第三种意见认为仲裁时效应自劳动者"知道或者应当知道其权利被侵害"时开始计算,劳动者申请仲裁之日起前溯 12 个月内期间的双倍工资请求可予支持,超过 1 年的双倍工资请求因超过诉讼时效而不予支持。

本案中广东省佛山市三水区人民法院采取的是第三种意见。二倍工资本质上是对劳动者的一种赔偿,并非工资,故其时效起算不应适用关于工资的特殊规定,而是从应支付最后 1 个月的二倍工资结束时起算,即说明二倍工资与一般意义上的劳动报酬具有不可通约性。[1]《劳动合同法》设置了二倍工资制度,其目的就是督促用人单位与劳动者签订书面劳动合同,强化对劳动者的权益保护,避免双方发生劳动争议时劳动者无法举证而处于不利地位,对劳动用工关系中的劳动者进行倾斜性的保护,以达到劳动用工关系的整合平衡和稳定。[2] 审判实践中用人单位多因疏忽不与劳动者订立书面劳动合同,如以用人单位应签却不签书面合同行为终了之日作为时效起算日,可能令劳动者产生故意拖延时间以主张更多额外赔偿的投机心理,不利于双方劳动关系的和谐稳定。根据广东省高级人民法院、广东省劳动人事争议仲裁委员会《关于审理劳动人事争议案件若干问题的座谈会纪要》的有关规定,最终确定二倍工资时效按月分别从用人单位每月应支付而未支付双倍工资之次日起算,自劳动者申请仲裁之日前溯 12 个月,属于此 1 年时效之内的二倍工资主张可予支持,超过一年时效者,则对超过时效月份的双倍工资主张不予支持。

【核心法条链接】

《中华人民共和国劳动合同法》

第八十二条　用人单位自用工之日起超过一个月不满一年未与劳动者订立书面劳动合同的,应当向劳动者每月支付二倍的工资。

用人单位违反本法规定不与劳动者订立无固定期限劳动合同的,自应当订立无固定期限劳动合同之日起向劳动者每月支付二倍的工资。

《劳动争议调解仲裁法》

第二十七条　劳动争议申请仲裁的时效期间为一年。仲裁时效期间从当事人知道或者应当知道其权利被侵害之日起计算。

【实务操作建议】

用人单位为预防和妥善处理二倍工资索赔的事件,需要重视用工规范,在劳动合同管理中应尽量避免犯低级错误,加强法律意识,具体建议如下:

---

[1]　宋歌:《二倍工资争议的社会法证成——弱者意志自由的法律补强》,载《东北大学学报(社会科学版)》2020 年第 2 期。

[2]　朱海波:《未签订书面劳动合同二倍工资差额的性质认定》,载《陕西青年职业学院学报》2020 年第 4 期。

　　第一,劳动合同到期后应及时补签。用人单位需要继续聘用劳动者而未续签劳动合同的,同样适用二倍工资罚则。《最高人民法院关于审理劳动争议案件适用法律若干问题的解释》第16条规定:"劳动合同期满后,劳动者仍在原用人单位工作,原用人单位未表示异议的,视为双方同意以原条件继续履行劳动合同。"但这并不意味着之前所签的合同持续有效,而仅视为双方以原劳动合同约定的条件建立了事实上的劳动关系。既然只是建立了事实上的劳动关系,则应当续订合同加以进一步确认。

　　第二,明确工资内容的组成。当用人单位与劳动者因工资内容产生争议时,应当由用人单位对工资内容举证,如果用人单位不能举证或证据不足,则按照劳动者实际获得的月收入确定双倍工资的计算基数。因此,用人单位在发放工资时应当明确工资内容的构成,建议在工资单中载明发放工资的项目及每项数额。

　　第三,保存与劳动合同相关的证据。当用人单位与劳动者订立劳动合同时,已尽诚实磋商的义务,但是由于劳动者原因而未能订立书面劳动合同,则用人单位无须承担支付双倍工资的责任。

　　　　　　　　　　　　　　　　　　　　　　　　　　(撰稿人:沈诩斐)

十四、不定时工作制需要办理有关手续

【案情介绍】①

原告吴某某与被告某零售公司签订劳动合同,劳动合同上注明吴某某实行的是不定时工作制,但吴某认为其工作较为固定,按照排班表和考勤制度遵循固定的上下班时间,且每周六都进行半天的加班,其工作的本质是标准工时制,遂向法院请求确认其工作是标准工时制并因此可获得加班费。

公司认为,其与吴某某约定实行不定时工作制,且不定时工作制已经审批,加之实际实行的也是不定时工作制,故吴某某实行不定时工作制合法有效。首先,公司与吴某某在劳动合同中明确约定实行不定时工作制。对此,双方并无异议。其次,吴某某实行不定时工作制由相关部门审批同意。最后吴某某作为管理人员,且公司作为零售企业,符合实行不定时工作制的条件。

法院认为,本案的争议焦点在于吴某某任职门店经理期间实行何种工时制度。

首先,公司系零售企业,行业特点决定了其需要全年无休对外营业,尤其在周六日、法定节假日比平时客流量更大、工作量更多,吴某某作为门店的管理人员,职责所限确实难以按标准工时衡量工作,其岗位确有实行不定时工作制的必要。

其次,双方劳动合同已明确约定吴某某实行不定时工作制,并强调其待遇水平与实行不定时工作制相关,且公司已就伍某某实行不定时工作制向劳动行政部门提出申请并获得批复,符合劳动法规定的实行不定时工作制的程序要件,合法有效。

最后,吴某某主张其根据公司事先编制的排班表上下班,并且严格执行

---

① 案例来源:中国裁判文书网,(2019)粤 0112 民初 7912 号。

考勤制度,故实际上按标准工时制履行劳动合同,对此法院认为:不定时工作制的劳动者,虽工作时间上相对灵活,但并不意味着绝对的自由,其仍需根据用人单位的安排在特定的时间段内到岗以完成工作任务,同时也并不意味用人单位丧失对劳动者进行考勤管理的权利。本案中,排班是对工作任务的分配与安排,而考勤是用人单位对劳动者的内部管理方式,旨在考察劳动者的到岗情况以确保工作任务的完成,这些都不足以否定不定时工作制的实行。综上,法院认定伍某某任职门店经理期间实行的是不定时工作制,伍某某诉请确认其实行标准工时,缺乏事实和法律依据,法院不予支持。

【处理结果】

法院认定吴某某任职门店经理期间实行的是不定时工作制,所以对于吴某某请求的加班工资,法院不予支持。

【争议焦点】

吴某某任职门店经理期间实行的是何种工时制度?

【案例评析】

原劳动部《关于企业实行不定时工作制和综合计算工时工作制的审批办法》第 4 条规定:"企业对符合下列条件之一的职工,可以实行不定时工作制:(一)企业中的高级管理人员、外勤人员、推销人员、部分值班人员和其他因工作无法按标准工作时间衡量的职工……"此类人员主要表现在工作时间需要根据市场需求、经营状况、工作对象等灵活进行安排,企业无法通过固定的工作时间来进行工作安排和管理,而是通过任务完成、业绩等情况综合来衡量工作效果。[①] 在本案中,吴某某在门店任职经理,公司系零售企业,行业特点决定了其需要全年无休对外营业,尤其在周六日、法定节假日比平时客流量更大、工作量更多。吴某某作为门店的管理人员,职责所限确实难以按标准工时衡量工作,有实行不定时工作制的必要。

原劳动部《关于企业实行不定时工作制和综合计算工时工作制的审批办法》第 7 条规定:"……地方企业实行不定时工作制和综合计算工时制等

---

① 陈艳:《我国不定时工时制度的法律分析》,载《中国工会财会》2019 年第 2 期。

其他工作和休息办法的审批办法,由各省、自治区、直辖市人民政府劳动行政部门制定,报国务院劳动行政部门备案。"企业欲在特定岗位实行不定时工作制需经有关部门审批,而在本案中,公司已经经人力资源和社会保障局审批同意。

有学者认为,用人单位在取得行政审批后都应该将批复公示给劳动者[①]。公示的目的是保障劳动者的知情权。在本案中,首先,劳动者与用人单位所签订的劳动合同明确了劳动者实行的是不定时工作制。其次,公司每年均通过《年度调薪暨备忘录》向吴某某告知实行不定时工作制的情况,并强调其待遇水平与实行不定时工作制相关,对此吴某某从未向公司提出异议。

吴某某认为其是根据公司排班表的安排遵循固定的上下班时间,且严格按照公司考勤制度上下班,不符合不定时工作制集中工作、集中休息、轮休调休及弹性工作的特点。吴某某作为经理可以参与排班,且排班是动态调整的,是符合弹性工作的特点的。而且考勤制度是用人单位经营管理权的体现之一,劳动者不论实行标准工时制还是不定时工时制,都应当完成公司的任务,遵守相应的规章制度。

《工资支付暂行规定》第 13 条规定:"实行不定时工时制度的劳动者,不实行加班工资的规定。"而且根据原劳动部《关于贯彻执行〈中华人民共和国劳动法〉若干问题的意见》的相关规定,"经批准实行不定时工作制的职工,不受劳动法第四十一条规定的日延长工作时间标准和月延长工作时间标准的限制,但用人单位应采用弹性工作时间等适当的工作和休息方式,确保职工的休息休假权利和生产、工作任务的完成"。由此可见,不定时工时制的劳动者加班加点,用人单位无须支付加班工资。至于在法定节假日加班,劳动者所在的广州市并无明确规定,所以劳动者请求用人单位支付节假日加班费没有法律依据。

【核心法条链接】

《广东省工资支付条例》

第二十三条 经人力资源社会保障部门批准实行不定时工作制的,不适用本条例第二十条的规定。

---

①

第二十条　用人单位安排劳动者加班或者延长工作时间,应当按照下列标准支付劳动者加班或者延长工作时间的工资报酬:

(一)工作日安排劳动者延长工作时间的,支付不低于劳动者本人日或者小时正常工作时间工资的百分之一百五十的工资报酬;

(二)休息日安排劳动者工作又不能安排补休的,支付不低于劳动者本人日或者小时正常工作时间工资的百分之二百的工资报酬;

(三)法定休假日安排劳动者工作的,支付不低于劳动者本人日或者小时正常工作时间工资的百分之三百的工资报酬。

原劳动部《关于企业实行不定时工作制和综合计算工时工作制的审批办法》

第四条　企业对符合下列条件之一的职工,可以实行不定时工作制。

(一)企业中的高级管理人员、外勤人员、推销人员、部分值班人员和其他因工作无法按标准工作时间衡量的职工;

(二)企业中的长途运输人员、出租汽车司机和铁路、港口、仓库的部分装卸人员以及因工作性质特殊,需机动作业的职工;

(三)其他因生产特点、工作特殊需要或职责范围的关系,适合实行不定时工作制的职工。

第七条　中央直属企业实行不定时工作制和综合计算工时工作制等其他工作和休息办法的,经国务院行业主管部门审核,报国务院劳动行政部门批准。

地方企业实行不定时工作制和综合计算工时工作制等其他工作和休息办法的审批办法,由各省、自治区、直辖市人民政府劳动行政部门制定,报国务院劳动行政部门备案。

【实务操作建议】

由于不定时工作制在劳动法中没有像标准工时制一样对工作时间有明确的规定,为了防止用人单位以不定时工作制为由侵犯劳动者的休息权,法律规定仅仅用人单位和劳动者双方无法确立不定时工作制,还需要依靠相关部门审批同意。如果企业未经部门审批,不仅与劳动者有关不定时工作制的协议无效,而且要以标准工时制的标准支付劳动者的加班费。虽然现在有些地区如珠海市明确取消不定时工作制的审批环节,但对于没有明确取消的地区和事项仍然要适用审批手续。

劳动行政部门许可用人单位可以实行不定时工作制之后,用人单位要将该行政许可及时告知劳动者,并告知劳动者的诉权或者起诉期限。① 及时告知劳动者诉权可以及时计算诉讼时效,在未来可能的劳动纠纷中占据有利地位。

此外,虽然对于不定时工作制的劳动者工作日加点,休息日加班没有加班工资有共识,但对于法定节假日加班是否有加班费不同地区有着不同的规定,如上海、深圳就规定,不定时工作制劳动者在法定节假日加班可以获得300%的工资,而江苏、北京则明确规定不定时工作制劳动者不适用在法定节假日加班可以获得300%的工资的规定。所以不同地区的用人单位应该事先查询相关的法律,如果有支付法定节假日加班工资的规定,那么应尽量避免不定时工作制劳动者不必要的法定节假日加班。

(撰稿人:陈雨涵)

① 郭杰:《不定时工作制法律风险控制》,载《中国劳动》2015 年第 13 期。

十五、变更工作岗位的内容须协商一致

【案情介绍】①

吴某某于 2002 年 9 月 20 日入职某公司,担任产品开发部的试制工。2017 年 12 月 26 日,双方签订书面无固定期限劳动合同,约定劳动合同期限自 2018 年 1 月 1 日起至法定终止条件出现时止,工作部门为产品开发部,岗位为管理技术岗位,职务为试制工。

2019 年 2 月 27 日,公司出具《关于科室人员支配车间生产方案》,主要内容为:根据 3 月份生产任务及车间人员招聘没有到位情况,安排各部门科室人员支援车间生产,支援时间为 3 月 1 日至 4 月 15 日(根据车间招聘人员到位情况逐步退回科室人员),3 月 1 日开始支援人员到车间报到,产品开发部需要安排 5 人支援,办公室必须在 3 月份内把车间需求人员招聘到位。

2019 年 3 月 8 日,公司出具《人员调动通知单》,即日起将吴某某及莫某某从产品开发部调入温主任所在部门(车间)分配生产工作。吴某某于 2019 年 3 月 14 日提交了《劳动人事争议调解申请书》。吴某某主张公司于 2019 年 3 月未经其同意单方违反合约私自把其调岗成生产工,该行为不合法、不合理,属于变相辞退,请求公司支付经济补偿金 85000 元。

2019 年 3 月 22 日,公司组织吴某某等多名员工到公司会议室开会,协商调岗事宜,但双方未能达成协议。吴某某认为其是从产品开发部调到总装车间。产品开发部是产品没有上市前,对全车需要改进的部位进行改制、试制、试验;总装车间是流水线生产工作。吴某某入职以来一直在产品开发部工作。根据公司作出的关于科室人员支援车间生产方案,公司于 2019 年 3 月 1 日要求产品开发部安排 5 人去总装车间进行支援,产品开发部安排

---

① 案例来源:中国裁判文书网,(2019)粤 0605 民初 13425 号。

吴某某去总装车间进行支援,故其从 2019 年 3 月 1 日去总装车间上班,支援总装车间。2019 年 3 月 8 日,公司出具人员调动通知单,通知吴某某从该日起从产品开发部调入总装车间成为正式员工。吴某某不同意向产品开发部部门领导反馈意见,但意见没有得到采纳。2019 年 3 月 14 日,吴某某向狮山人社分局罗村工作办提出劳动争议调解,认为公司单方调整工作岗位属于变相辞退,要求公司支付经济补偿金。2019 年 3 月 21 日,狮山人社分局通知包括吴某某在内的员工去该局进行调解,由于其他员工的调解已经失败,未轮到吴某某该局已经下班,故双方未进行实质性的调解。包括吴某某在内的员工于 2019 年 3 月 22 日申请劳动仲裁,要求公司支付经济补偿金。吴某某在新岗位一直支援工作到 2019 年 4 月 23 日,从 2019 年 4 月 24 日开始不在公司处工作了。

法院认定如下:

本案的争议焦点是公司是否需要向吴某某支付解除劳动关系的经济补偿金。吴某某主张双方于 2019 年 3 月 14 日解除劳动关系,解除劳动关系的原因是公司调整吴某某的工作岗位属于变相辞退。公司主张双方于 2019 年 4 月 24 日解除劳动关系,解除劳动关系的原因是吴某某主动提出解除劳动关系,并且从 2019 年 4 月 24 日开始没有回到公司上班,是吴某某主动离职。双方对解除劳动关系的时间及原因均存在较大争议。对此,法院认为双方解除劳动关系的时间,由于原告、公司均确认吴某某在公司处工作至 2019 年 4 月 23 日,从 2019 年 4 月 24 日开始不再回到公司处工作,故法院确认原告、公司于 2019 年 4 月 24 日解除劳动关系。关于解除劳动关系的原因,经查,吴某某从 2019 年 3 月 1 日开始服从公司的支援安排到总装车间支援生产,后公司于 2019 年 3 月 8 日出具《人员调动通知单》,将吴某某调入总装车间成为总装车间的员工,吴某某于 2019 年 3 月 14 日提交了《劳动人事争议调解申请书》,主张公司于 2019 年 3 月未经吴某某同意单方违反合约私自把吴某某调岗成生产工,吴某某认为该行为不合法、不合理,属于变相辞退,请求公司支付经济补偿金 85000 元。由上述情况可知双方解除劳动关系的真正原因是吴某某认为公司的调岗不合理而要求解除劳动关系。至于公司对吴某某的调岗是否合理的问题,法院认为,根据公司于 2019 年 2 月 27 日作出的《关于科室人员支援车间生产方案》,公司是因 2019 年 3 月份生产任务及车间人员招聘没有到位而安排各科室人员支援车间生产,支援时间为 3 月 1 日至 4 月 15 日,并说明根据车间招聘人员情况逐步退回科室人员,且要求办公室在3月份内把车间需求人员招聘到位。该方案显示的意思是吴某某等员工去支援总装车间只是短暂性的工作,待办公室完成招聘任务后,支援人员会逐步退回原部门工作。但公司在吴某某去总装车间上班几天后,就于2019年3月8日出具《人员调动通知单》,将吴某某调入总装车间成为总装车间的员工,该做法明显与先前公司出具的《关于科室人员支援车间生产方案》精神不符。由于原告、公司签订的无固定期限劳动合同约定,吴某某的工作部门是产品开发部,岗位为管理技术岗位,职务为试制工,且双方均确认吴某某自2002年9月20日入职以来就一直在产品开发部工作。吴某某在产品开发部工作的时间长达16年之多,可见吴某某的工作特长就是管理技术类工作,且公司也确认产品开发部是在产品没有上市前对全车需改进部位进行改制、试制及试验,总装车间是流水线生产工作,可见两个部门的工作内容及所需技能完全不同。公司先以支援总装车间生产的名义将吴某某安排到总装车间工作,再于几天后将吴某某正式调入总装车间从事生产工作,且未能与吴某某就变更工作岗位的内容协商一致,该做法明显违反了双方在劳动合同中的约定。虽然公司于2019年3月22日曾组织吴某某等多名员工到公司会议室开会协商调岗事宜,但双方最终未能达成协议。由于公司是在吴某某已提起劳动仲裁申请要求解除劳动关系的情况下才找吴某某进行协商,吴某某作为劳动合同一方已因公司调岗不合理行使解除权,而双方最后也未能就调岗问题协商一致。现吴某某以此为由要求解除劳动关系并要求公司支付经济补偿金,法院予以支持。

【处理结果】

法院认定公司与劳动者未能就调岗问题协商一致,支持劳动者以此为由解除劳动关系并请求经济补偿金的请求。

【争议焦点】

用人单位调整劳动者工作岗位的行为,是合法行使用工自主权还是违法变更劳动合同,用人单位是否要向劳动者支付经济补偿金。

【案例评析】

《劳动合同法》第35条规定:"用人单位与劳动者协商一致,可以变更劳动合同约定的内容。变更劳动合同,应当采用书面形式。"而且根据《劳动合同法》第 17 条的规定,劳动合同应当具备工作内容和工作地点。由此可知,用人单位变更劳动者的工作岗位属于变更劳动合同,应当与劳动者协商一致。劳动合同的变更应当遵守协商一致的原则,劳动合同的内容是用人单位和劳动者的合意,一经订立就受到法律的保护。劳动合同是劳动法律的延伸,即具有法律上的约束力,任何一方不得随意变更。如果确因实际经营需要或者劳动者不能胜任等原因,单位调整劳动者岗位的,应当具备合理性,且公司应负举证责任。而在本案中,用人单位不能证明劳动者不能胜任,也没有征得劳动者的同意,就出具人员调动通知单,通知劳动者从产品开发部调入总装车间成为正式员工,这与之前用人单位暂时借调的通知不符。而且劳动者与用人单位在劳动合同中明确了劳动者的岗位,现用人单位改变了劳动者的岗位,违反了劳动合同,属于劳动者可以单方解除劳动合同的情形。

根据《劳动合同法》第 38 条的规定,当用人单位未按照劳动合同的约定提供劳动保护或者劳动条件时,劳动者可以解除合同,这属于即时辞职,实质上是因为用人单位过错而被迫辞职,故无须预告,且用人单位应当支付经济补偿,而根据《劳动合同法》第 47 条的规定,经济补偿是按照劳动者在本单位工作的年限,每满 1 年支付 1 个月的工资为标准向劳动者支付;6 个月以上不满 1 年的,按 1 年计算;劳动者从 2002 年 9 月 20 日到 2019 年 4 月在用人单位入职,用人单位要支付 17 个月的经济补偿金。

根据《劳动合同法》第 85 条的规定,"用人单位有下列情形的,由劳动行政部门责令限期支付劳动报酬、加班费或者经济补偿;逾期不支付的,责令用人单位按应付金额百分之五十以上百分之一百以下的标准向劳动者加付赔偿金:……(四)解除或者终止劳动合同,未按照本法规定向劳动者支付经济补偿的"。劳动者获得加付赔偿金是有条件的,首先就要经过劳动行政部门责令用人单位限期支付,但是在本案中,并没有提及劳动行政部门是否有责令用人单位向劳动者支付经济补偿金。

根据《最高人民法院关于审理劳动争议案件适用法律若干问题的解释(一)》第 14 条的规定:"人民法院受理劳动争议后,当事人增加诉讼请求的,如该诉讼请求与讼争的劳动争议具有不可分性,应当合并审理;如属独立的劳动争议,应当告知当事人向劳动争议仲裁机构申请仲裁。"赔偿金请求是原告在诉讼过程中增加的独立的诉讼请求,未经仲裁前置程序,故法院在本案中对该项诉讼请求不作处理,原告可另行向劳动争议仲裁委员会申请仲裁。

【核心法条链接】

《中华人民共和国劳动合同法》

第三十五条　用人单位与劳动者协商一致,可以变更劳动合同约定的内容。变更劳动合同,应当采用书面形式。

变更后的劳动合同文本由用人单位和劳动者各执一份。

第四十六条　有下列情形之一的,用人单位应当向劳动者支付经济补偿:

(一)劳动者依照本法第三十八条规定解除劳动合同的;

(二)用人单位依照本法第三十六条规定向劳动者提出解除劳动合同并与劳动者协商一致解除劳动合同的;

(三)用人单位依照本法第四十条规定解除劳动合同的;

(四)用人单位依照本法第四十一条第一款规定解除劳动合同的;

(五)除用人单位维持或者提高劳动合同约定条件续订劳动合同,劳动者不同意续订的情形外,依照本法第四十四条第一项规定终止固定期限劳动合同的;

(六)依照本法第四十四条第四项、第五项规定终止劳动合同的;

(七)法律、行政法规规定的其他情形。

第四十七条　经济补偿按劳动者在本单位工作的年限,每满一年支付一个月工资的标准向劳动者支付。六个月以上不满一年的,按一年计算;不满六个月的,向劳动者支付半个月工资的经济补偿。

劳动者月工资高于用人单位所在直辖市、设区的市级人民政府公布的本地区上年度职工月平均工资三倍的,向其支付经济补偿的标准按职工月平均工资三倍的数额支付,向其支付经济补偿的年限最高不超过十二年。

本条所称月工资是指劳动者在劳动合同解除或者终止前十二个月的平均工资。

《最高人民法院关于审理劳动争议案件适用法律若干问题的解释(一)》

第十四条　人民法院受理劳动争议案件后,当事人增加诉讼请求的,如该诉讼请求与讼争的劳动争议具有不可分性,应当合并审理;如属独立的劳动争议,应当告知当事人向劳动争议仲裁机构申请仲裁。

【实务操作建议】

在企业调整劳动者的岗位中,如果企业和劳动者没有明确约定工作岗位的或者约定不明的,在企业有正当理由的情况下,可根据工作需要合理调整劳动者工作岗位,这种情况属于企业合法的自主用工行为。[①] 如果企业和劳动者明确约定了工作岗位,但没有约定如何调整,且不符合《劳动合同法》第 40 条的规定,则企业不能自行调整员工的工作岗位。所以,企业在和劳动者签订合同时,可以对劳动者的工作岗位进行较为灵活的描述。而且在企业劳动合同明确岗位的前提下,如果没有法定调岗情形,用人单位需要与劳动者进行协商;如果没有进行协商,而且调岗前后对劳动者有较大影响,用人单位就要慎重决定,否则就有被劳动者请求解除劳动关系并支付经济补偿金的风险。

用人单位还须注意劳动者的劳动合同所明确的岗位和具体的调岗后的岗位的区别,如果不是属于同一类岗位,那么用人单位就要承受单方变更合同内容的风险。且用人单位在进行借调期间,不能以通知的方式直接调动劳动者的岗位,以造成借调为名、调岗为实的情况。

此外,如果用人单位要向劳动者支付劳动报酬、加班费或者经济补偿金等,应该及时支付,否则如果被劳动行政部门责令限期支付,用人单位又逾期支付的,用人单位就有加付最多一倍赔偿金的风险,这会给用人单位造成重大损失。

(撰稿人:陈雨涵)

---

① 姚旻:《浅谈企业在劳动合同变更时的几个常见问题》,载《知识经济》2020 年第
4 期。

十六、用人单位单方面变更劳动者职务的规范性以及合理性认定

【案情介绍】①

陈某某于 2006 年入职某科技公司担任副课长,双方于 2016 年 12 月 30 日签订无固定期限劳动合同。该合同约定:陈某某岗位为管理技术岗位,职务为主任;公司在合同期内因生产经营需要或其他原因调整乙方的工作岗位,应协商一致并按变更本合同处理。陈某某分别于 2018 年 10 月 4 日、6 日通过电子邮件及邮寄《被迫解除劳动合同通知书》的形式,以公司未足额支付劳动报酬、单方调岗及不提供劳动条件为由向公司提出解除劳动关系。陈某某主张其在 2018 年 9 月份有打卡上下班,但公司没有安排实质性的工作。陈某某为此提交《被迫解除劳动合同通知书》照片、805 号公告(有关人员职务调整事宜)及办公桌照片(2018 年 9 月 9 日)等证据予以证明。其一,《被迫解除劳动合同通知书》的主要内容:陈某某以公司存在以下严重违反劳动合同的行为为由被迫与公司于 2018 年 9 月 29 日解除劳动关系:2018 年 9 月 1 日起违反劳动合同约定擅自将岗位由副课长调整为担当副课长,无下属,不准加班和参加公司对内对外会议;9 月 2 日私自撤走电脑,不提供劳动条件。其二,805 号公告主要内容为:"兹有组件一课陈某某(工号:0607476),因工作需要,职位由副课长晋升为担当副课长,担当副课长主管职务津贴增加人民币 1 元整。担当副课长属责任制。(1)自己管自己,没有下属。(2)不用加班(含例假日)每天上班 8 小时,未经公司同意自行加班,公司一概不予承认,加班费不计算。(3)公司内部会议及公司对外会议均不需要参加。生效日期 2018 年 9 月 1 日。"其三,办公桌照片显示陈某某的办公桌已没有电脑。

---

① 案例来源:中国裁判文书网,(2019)粤 1972 民初 2453 号、(2019)粤 19 民终 8088 号。

公司确认其分别于 2018 年 10 月 4 日收到电子邮件，2018 年 10 月 7 日收到《被迫解除劳动合同通知书》，但主张其有为陈某某提供劳动条件，陈某某自 2018 年 9 月 29 日起开始没有上班，应视为自离；确认 805 号公告的真实性，但主张陈某某长期不执行领导意见，已不适合做管理工作，调整其做技术工作，但工作内容与之前一致，不具有侮辱性；确认照片的真实性，主张陈某某在调整岗位后的工作地点在车间，已不需要使用电脑，故公司撤走了电脑。

法院认为，公司未与陈某某协商一致而单方变更其职务，也没有提供证据证明其调整职务的合理性，且新的职务担当副课长既无下属，又不能加班和参加会议，明显具有一定的侮辱性，公司的调岗行为违法。公司主张陈某某变更职务后原工作内容不变，但又收回陈某某的办公电脑，该行为与其主张自相矛盾，另公司也未能提供证据证明其在 2018 年 9 月有安排陈某某工作，应承担举证不能的不利后果，即陈某某关于公司不提供劳动条件的主张成立。综上，公司违法调岗及不提供劳动条件，陈某某主张被迫解除劳动关系，符合《劳动合同法》第 38 条的规定，法院予以支持。陈某某在职时间约 11 年 9 个月，根据《劳动合同法》第 46 条的规定，公司应支付陈某某经济补偿金 91596 元（7633 元/月×12 个月）。

公司不服一审判决，向中级人民法院起诉，认为一审判决认定事实不清，适用法律不当，理由如下：（1）一审法院认定公司违法调岗、不提供劳动条件没有事实、法律依据。本案中，对员工进行调岗是公司合法的用工自主权，对陈某某调岗不违反法律的强制性规定。第一，公司调整陈某某工作岗位是公司生产经营的需要，且公司也结合了陈某某实际的工作情况与态度才作出调整工作岗位的决定。陈某某的工作态度极其不端正，经常被下属及客户投诉，不适合从事管理工作。为了公司的生产经营需要，结合陈某某自身的工作情况，公司调整其做技术工作，公司合法行使用工自主权，对陈某某的调岗合法合理。第二，调整工作岗位后陈某某的工资水平与原岗位基本相当，公司的调岗行为合法合理。第三，一审以"未与陈某某协商一致，新职务无下属又不能加班等"认定对陈某某明显具有一定的侮辱性，公司认为明显不当。首先，没有下属的岗位并不属于低贱岗位。其次，不能加班认定具有侮辱性更是荒唐。若未与劳动者协商，且未经工会同意，强行安排劳动者加班是对劳动者劳动权利的侵害。在此，不能加班居然认定为侮辱性，显然不当。最后，有关安排工作问题。陈某某做技术工作，工作内容性质与之前一致，只是工作地点调整到车间，不配备电脑没有任何不当。有关安排工作，作为技术人员应当巡视车间，发现机器有问题应当及时预防和进行处理。陈某某不好好工作，也不去车间巡视，自己有问题，还称单位没有给其派遣工作任务，这是不当的。承前所述，公司虽然调整陈某某的工作岗位，工作环境基本与先前一致，公司安排陈某某做技术工作，已向其提供合理的劳动条件，并不具有侮辱性和惩罚性，调岗行为合理，符合法律法规的相关规定，陈某某以此为由要求解除劳动合同并请求公司支付经济补偿金没有事实、法律依据。(2)公司自2018年9月29日开始，没有上班，违反公司的规章制度，其行为已构成自动离职，公司无须支付陈某某经济补偿金。

陈某某答辩称：(1)公司调岗行为违法。首先，公司未与陈某某协商一致而单方变更其职务，违反法律规定，且违反了双方签订的劳动合同的约定。其次，公司向陈某某作出的调岗决定未与陈某某协商一致且未签订变更协议书，违反《劳动合同法》第35条第1款的规定，属于《劳动合同法》第38条第1款第(1)项"未按照劳动合同约定提供劳动保护或者劳动条件的"情形。最后，公司单方调整陈某某职务的行为，违反法律规定，公司不具有可调整陈某某岗位的法定情形，故公司的调岗行为违反法律规定。

(2)公司的调岗降薪行为。根据陈某某在一审中提交的"证据三《工资条2》中2018年9月份的工资条"显示，调岗后公司向陈某某发放的工资明显低于调岗前正常的工资。

(3)2018年8月31日，公司未与陈某某协商，擅自发布带有针对性的调岗公告。公告内容显示，陈某某被调岗后名义上是晋升为担当副课长，但该岗位是公司为了孤立陈某某而新设的，且职位津贴仅增加人民币1元整，没有下属，不准陈某某加班，不准参加公司会议，明显带有针对、侮辱性质。公司把调岗公告张贴在公司公告栏后，又将该公告以邮件形式发送给公司各部门，意图达到羞辱陈某某，迫使陈某某离职的目的。

(4)公司私自撤走陈某某的办公电脑，不向其提供劳动条件，也未安排陈某某工作。2018年9月9日，公司趁陈某某周日放假，私自撤走陈某某的办公电脑，不向陈某某提供劳动条件，使陈某某无法开展工作，达到迫使陈某某主动离职的目的。公司在一审庭审中主张陈某某变更职务后原工作内容不变，但又收回陈某某的办公电脑，该行为与其主张自相矛盾。另公司也未能提供证据证明其在2018年9月有安排陈某某工作，应承担举证不能的不利后果。

二审法院认为,公司调整陈某某的岗位未与陈某某协商一致而单方变更其职务,且根据公告载明,陈某某的新职务担当副科长没有下属,不能加班,且不能加班和参加会议,故具有一定的侮辱性。公司主张是由于生产经营需要及因为陈某某工作态度不端正而作出的决定,但对此,公司未能提供证据予以证明,法院不予采信。公司主张陈某某变更职务后工作内容不变,但又确认收走了陈某某的工作电脑,与其主张相互矛盾,且公司亦未能提供证据证明其在2018年9月有安排陈某某工作。综上,公司未能举证证明调整陈某某工作岗位的合法性,应承担举证不能的不利后果,陈某某据此主张被迫解除劳动关系的经济补偿金,符合法律规定,公司应向陈某某支付被迫解除劳动关系的经济补偿金。

【处理结果】

法院认为劳动者是被迫解除劳动关系,用人单位应该向劳动者支付经济补偿金。

【争议焦点】

用人单位能否单方面变更劳动合同? 用人单位单方面变更劳动者职务,致使劳动者解除劳动合同,劳动者是否可请求经济补偿金?

【案例评析】

岗位是指因为用人单位的需要而设置的岗位,通常是一人一岗,且司法实务认为岗位是属于类别性规定,如果是在某一类岗位比如技术型岗位内调动,则不认为是调岗。职务是指组织中承担相同或相似职责或工作内容的若干职位的总和。职位是指工作中的位置或地位,总经理是职位,其相应的职务是决策管理工作、高级管理工作及日常管理工作。

《劳动合同法》明确规定工作岗位属于劳动合同的必备条款。根据《劳动合同法》第35条及第40条,用人单位与劳动者协商一致可以变更劳动合同约定的内容,劳动者在不能胜任工作时,用人单位可以调整岗位。当劳动者患病或者因工负伤,规定的医疗期满不能从事原工作的,也可以由用人单位另行安排,这些是法定调岗。除此之外,用人单位调岗属于变更劳动合同,需经双方协商一致。公司在不满足法定调岗的情况下,不能单方调岗。有学者认为,在劳动合同未约定调岗权的情形下,应当赋予用人单位在不损害劳动者具体利益的情形下一定的调岗权。[①] 本案中,公司未经陈某某同意,将陈某某调岗,且由原来的有 5～7 名下属调整为没有下属,且不允许加班,工资也明显低于调岗前正常的工资,属于损害劳动者利益的行为。并且在本案中用人单位没有劳动者不能胜任原工作岗位的证据,故该调岗行为没有正当依据。

《劳动合同法》第 35 条规定,用人单位与劳动者协商一致,可以变更劳动合同约定的内容。变更劳动合同,应当采用书面形式。有学者认为这项规定主要适用于劳动合同的实质性变更,即对劳动者权利义务产生实质影响的变更行为,需经双方协商一致,且采用书面形式;而对于劳动合同的非实质性变更,考虑到企业用工自主权的保障,可以放宽要求,只保障劳动者的知情权。但在本案中,如上所述,用人单位的调岗行为影响了劳动者的实质权利义务,依法律规定,应当与劳动者进行协商,且采用书面形式,而本案的用人单位不仅未与劳动者协商,也未采用书面形式,此调岗程序不具有合法性。

《劳动合同法》第 38 条第 1 款规定,未按照劳动合同约定提供劳动保护或者劳动条件的,劳动者可以解除劳动合同。在本案中,公司擅自撤走劳动者的办公电脑,虽然公司主张劳动者变更职位后原工作内容不变,但是又收回劳动者的电脑,使其不能正常办公,公司的行为与主张自相矛盾,这属于没有提供劳动者必需的劳动条件。并且在本案中,劳动者调整后的工资低于原岗位工资,岗位职位津贴仅增加 1 元,且没有下属,不能加班,具有明显的侮辱、针对性质,这些都迫使劳动者非自愿地解除劳动合同。

根据《劳动合同法》第 46 条第 1 款的规定,劳动者依照本法第 38 条规定解除劳动合同的,用人单位应向劳动者支付经济补偿,而本案中无论是用人单位的单方面调岗行为还是针对、侮辱劳动者的行为都属于《劳动合同法》第 38 条所规定的劳动者可以单方解除劳动合同的情形,所以用人单位应该向劳动者支付经济补偿金。

【核心法条链接】

《中华人民共和国劳动合同法》

第三十八条 用人单位有下列情形之一的,劳动者可以解除劳动合同:

---

① 梁桂平:《用人单位调整工作岗位的合理性判断》,载《人民司法》2016 年第 20 期。

（一）未按照劳动合同约定提供劳动保护或者劳动条件的；

（二）未及时足额支付劳动报酬的；

（三）未依法为劳动者缴纳社会保险费的；

（四）用人单位的规章制度违反法律、法规的规定，损害劳动者权益的；

（五）因本法第二十六条第一款规定的情形致使劳动合同无效的；

（六）法律、行政法规规定劳动者可以解除劳动合同的其他情形。

用人单位以暴力、威胁或者非法限制人身自由的手段强迫劳动者劳动的，或者用人单位违章指挥、强令冒险作业危及劳动者人身安全的，劳动者可以立即解除劳动合同，不需事先告知用人单位。

第四十六条　有下列情形之一的，用人单位应当向劳动者支付经济补偿：

（一）劳动者依照本法第三十八条规定解除劳动合同的；

（二）用人单位依照本法第三十六条规定向劳动者提出解除劳动合同并与劳动者协商一致解除劳动合同的；

（三）用人单位依照本法第四十条规定解除劳动合同的；

（四）用人单位依照本法第四十一条第一款规定解除劳动合同的；

（五）除用人单位维持或者提高劳动合同约定条件续订劳动合同，劳动者不同意续订的情形外，依照本法第四十四条第一项规定终止固定期限劳动合同的；

（六）依照本法第四十四条第四项、第五项规定终止劳动合同的；

（七）法律、行政法规规定的其他情形。

【实务操作建议】

调岗可以分为实质性调岗和非实质性调岗，在劳动合同约定的岗位范畴内进行调岗，且调岗后的工作时间、劳动强度、技术要求、工作地点、工资待遇、工资稳定等内容均未发生明显变化，这类的调岗不会对劳动者的权利和义务产生实质性的影响，用人单位可以根据生产经营的客观需要和劳动者的客观表现等自主进行调整。

调动岗位是对劳动合同的变更，有着法定情形变更和用人单位与劳动者协商一致变更。协商变更一般是出于双方的真实意思，纠纷出现可能性小，只要注意书面形式即可。而对于法定情形的变更，一般有三种情况："劳动者不能胜任工作岗位"、"因患病或非因工负伤医疗期满不能从事原工作"

以及"客观情况发生重大变化"。上述第一、二种情形,用人单位可以单方面决定调岗,但也具有相应的举证责任。至于第三种情形,根据《劳动合同法》第 40 条的规定,如果要使劳动合同发生变更,用人单位应该与劳动者协商;如果协商未成,用人单位可以解除劳动合同,但是不能单方面调岗。

对于劳动者不能胜任的情形,有学者认为是劳动者不能按照要求完成劳动合同中约定的工作任务或者同工种、同岗位人员的工作量。[①] 至于客观情况指发生不可抗力或出现致使劳动合同全部或部分条款无法履行的其他情况,如企业迁移、被兼并、企业资产转移等。而且程度是"重大",这就要求能够达到影响合同履行的程度。

如果没有上述情形,用人单位不能单方面地对劳动者进行实质性调岗,否则可能因违反《劳动合同法》第 38 条第 1 款的情形由劳动者单方面解除劳动合同,从而支付经济补偿金。

(撰稿人:陈雨涵)

[①] 王全兴:《劳动法学》,高等教育出版社 2014 年第 4 版,第 219 页。

十七、违法解除劳动关系期间的工资支付

【案情介绍】①

杨某是广州市某口腔医院(以下简称"口腔医院")的职工,某先后三次与口腔医院签订聘用合同,具体时间为 2012 年 1 月 1 日至 12 月 31 日、2013 年 1 月 1 日至 2015 年 12 月 31 日和 2016 年 1 月 1 日至 2018 年 12 月 31 日。其中,第三次聘用合同约定杨某的工作内容为从事放射科、检验室及医院安排的相关其他工作。

2018 年 11 月 29 日,口腔医院出具《用人单位终止劳动合同通知书》,主要内容为:杨某同志,鉴于劳动合同期满,本单位现定于 2018 年 12 月 31 日与你终止劳动合同,请你于 2018 年 12 月 15 日前办理终止劳动合同的相关手续。杨某并未办理离职手续,且口头提出了续签劳动合同。

口腔医院主张,在第三次劳动合同到期前一个月通知刘某合同期满终止,杨某无明确要求签订无固定期限劳动合同,故双方的劳动关系已依法终止。另杨某在工作过程中,严重违反规章制度,医院有权解除劳动关系。因客观情况已发生重大变化,杨某无法胜任放射科的工作,已另聘任有医学影像技术专业的人员。因此,不同意恢复与杨某的劳动关系,口腔医院无须与杨某签订无固定期限劳动合同。

杨某辩称,在 2018 年 12 月 26 日向口腔医院递交书面申请时,要求订立无固定期限劳动合同,但口腔医院不肯接受,称其严重违反规章制度。口腔医院属于违法终止劳动关系,要求恢复劳动关系,双方签订无固定期限劳动合同。

---

① 案例来源:中国裁判文书网,(2019)粤 0103 民初 4704 号。

法院认为，口腔医院发出的《用人单位终止劳动合同通知书》是以劳动合同期满为由终止双方劳动关系，现又以杨某违反规章制度等其他理由作为终止劳动关系的依据，对此不予采信。根据《劳动合同法》第 14 条的规定，连续订立两次固定期限劳动合同，且劳动者没有本法第 39 条和第 40 条第 1 项、第 2 项规定的情形，劳动者提出或者同意续订、订立劳动合同的，除劳动者提出订立固定期限劳动合同外，应当订立无固定期限劳动合同。由此可见，杨某享有要求订立无固定期限劳动合同的权利，口腔医院在合同届满前，在未征询杨某意见的情况下，即作出终止劳动合同的决定，损害了其合法权益，属于违法终止劳动关系。

【处理结果】

法院认为杨某和口腔医院之间存在劳动关系，口腔医院违法终止劳动关系，应向杨某支付赔偿金 183260 元。对于杨某要求签订无固定期限劳动合同及支付 2019 年 1 月 1 日至 3 月 18 日期间工资的诉请依据不足，不予支持。

【争议焦点】

本案的争议焦点主要为：口腔医院解除与杨某的聘用合同的行为是否合法？

【案例评析】

根据《劳动合同法》第 14 条的规定，杨某享有要求订立无固定期限劳动合同的权利，而口腔医院在未征询杨某意见的情况下，违法解除合同，侵害了杨某的合法权益，应当向杨某支付赔偿金。但是鉴于情势变更，杨某客观上不能继续履行劳动关系，亦无法要求签订无固定期限劳动合同。根据《劳动法》第 12 条和《劳动合同法》第 44 条的规定，劳动合同期满，劳动合同即行终止。原劳动合同的效力终止，用人单位无须再向没有劳动关系的劳动者支付工资。也就是说，本案中的劳动者杨某不具备继续履行合同的条件，无法签订无固定期限劳动合同，最终用人单位的经济补偿金数额也仅限于劳动合同期内。

【核心法条链接】

《中华人民共和国劳动合同法》

第十四条　……连续订立二次固定期限劳动合同,且劳动者没有本法第三十九条和第四十条第一项、第二项规定的情形,劳动者提出或者同意续订、订立劳动合同的,除劳动者提出订立固定期限劳动合同外,应当订立无固定期限劳动合同。

第四十七条　经济补偿按劳动者在本单位工作的年限,每满一年支付一个月工资的标准向劳动者支付。六个月以上不满一年的,按一年计算;不满六个月的,向劳动者支付半个月工资的经济补偿。

第八十七条　用人单位违反本法规定解除或者终止劳动合同的,应当依照本法第四十七条规定的经济补偿标准的二倍向劳动者支付赔偿金。

【实务操作建议】

在劳动法趋向完善的今天,劳动用工合同的风险防控成了备受瞩目的焦点。[①] 受现代法律环境的影响,用人单位在制定劳动合同的时候,需要严格地遵守国家的法律规定,在受约束的过程中拟定合理的规章体制,以此对员工起到良好的规范效果,保证彰显出劳动合同的效力。[②]

本案主要涉及无固定期限合同订立的相关问题。无固定期限劳动合同,是指用人单位与劳动者约定无确定终止时间的劳动合同。无固定期限劳动合同没有一个确切的终止时间,劳动合同的期限长短不能确定,但并不是没有终止时间。也就是说,只要没有出现法律规定或者双方约定的终止条件,合同双方就要继续履行劳动合同规定的义务。根据《劳动合同法》第14条的规定,劳动者若符合订立无固定期限劳动合同的,即享有单方意思表示的决定权,只要劳动者有订立无固定期限劳动合同的意思表示,用人单位就必须接受该申请。

因此,对于用人单位而言,需要加强对无固定期限劳动合同制度的正确认识,无固定期限劳动合同不是劳动者的"护身符",也不是用人单位的"沉

---

① 郭峰:《企业违法解除劳动合同的风险防范》,载《轻纺工业与技术》2020年第3期。

② 周莹:《企业单方即时解除劳动合同的法律风险及防范》,载《中国经贸导刊》2010年第13期。

重包袱"。用人单位在与劳动者签订劳动合同时,需要始终保持谨慎的态度,积极开展劳动合同规范管理工作,这样既是对用人单位自身负责,更是对劳动者负责。

(撰稿人;沈诩斐)

十八、工伤赔偿协议的效力

【案情介绍】①

郑某与某铝业公司具有劳动关系。郑某因公负伤，双方因各项赔偿产生争议，郑某提起诉讼，一审法院审理后作出判决。郑某与某铝业公司均对一审判决不服，提起上诉。

据调查，除了某铝业公司与郑某确认的申请工伤认定前发生的医疗费用 396515.32 元外，郑某还额外支付了抢救费 5617.27 元。某铝业公司与郑某签订《工伤赔偿调解协议书》，约定调解款为 213140.6 元（包含医疗费 87500 元，一次性伤残补助金差额 50517 元，伤残津贴差额 40413.6 元，停工留薪期间的工资 34710 元）。某铝业公司已于 2018 年 1 月 23 日向郑某支付了上述款项 213140.6 元。后二审法院支持了调解协议的效力，且根据赔偿标准要求该公司赔偿相应差价。

【处理结果】

对一审人民法院认定事实错误部分予以否定，支持郑某的部分上诉请求，以及支持某铝业公司的部分上诉请求。

【争议焦点】

用人单位与劳动者是否可以签订工伤赔偿调解协议？用人单位与劳动者签订的工伤赔偿调解协议是否有效，也即用人单位是否应当按照工伤赔偿调解协议所约定的进行赔偿？

---

① 案例来源：中国裁判文书网，(2018)粤 0306 民初 14700 号、(2018)粤 03 民终 22248 号。

【案例评析】

此案例之所以典型,是因为用人单位与劳动者签订了工伤赔偿调解协议,后来工伤职工以赔偿显失公平为由请求法院予以撤销。一般而言,工伤赔偿协议的内容往往会对劳动者不利,实践中也存在用人单位利用工伤赔偿协议侵害劳动者权益,逃避自身责任的情形。工伤赔偿协议能否继续适用,如何认定工伤赔偿协议的法律性质及如何判断工伤赔偿协议的法律效力已然成为司法实践中亟须回应的现实问题。

在审理本案过程中,法院形成了两种不同意见:第一种意见认为,本案工伤赔偿协议不可撤销。双方签订的工伤赔偿协议不违反法律法规的禁止性规定,是双方的真实意思表示,理应认定有效,对双方都具有法律约束力。第二种意见认为工伤赔偿协议应予以撤销。《民法典》第147条规定,基于重大误解实施的民事法律行为,行为人有权请求人民法院或仲裁机构予以撤销。① 就本案而言,法院承认调解协议的效力,但对于不利于劳动者的部分进行了纠正和补充。

需要探讨的是,用人单位与劳动者是否可以就赔偿数额达成私了协议?若劳动者与用工单位就赔偿数额达成私了协议是否违反了有关法律的赔偿标准?《工伤保险条例》确立的法定赔偿标准是强制性规定还是任意性规定呢?

首先,关于任意性规定,即允许当事人依其自由意志自主决定,强制性规范在法律用语上多采用"应当""必须""不得""禁止"等表述,而《工伤保险条例》未作此强调。《最高人民法院关于审理劳动争议案件适用法律若干问题的解释(一)》第10条,赋予了劳动者与用人单位协商权,即双方可协商工伤(职业病)待遇。还有,劳动者与用人单位通过协议赔偿减少诉讼,不会减损劳动者利益,尤其是我国工伤赔偿程序太长,工伤职工急需赔偿,以便及时治疗,并维持基本生活。从这个意义上而言,承认赔偿协议的效力是有积极意义的。因此,有关赔偿标准不是强制性规定,亦不存在违反强制性规定而无效的问题。但是,也不能过于武断,排除劳动者的主要权利。《最高人

---

① 《民法典·合同编》给合同的签订以及实施提供了法律依据,还能够用来规范合同的履行、变更等情况,而《劳动合同法》则是为了完善劳动制度,专门为保护劳动者的合法权益而设立的一种合同法。对于两者的关系存在很多争议。劳动法学界大多认为,《民法典·合同编》和《劳动合同法》不是简单的一般法和特别法的关系。

民法院关于贯彻执行〈中华人民共和国民法通则〉若干问题的意见(试行)》①列举了协议显失公平的情形:一方当事人利用优势或是利用对方没有经验致使双方的权利义务明显违反公平等价有偿原则的,可以认定为显失公平。诸如一些当事人缺乏预见后续医疗费用的能力,不知晓职业病的渐进恶化特性,不了解自己伤残等级所需匹配的治疗和生活待遇等,应被理解为"缺乏经验"的范畴。在各地法院审理赔偿协议效力的案件中,部分法院将劳动者是否在签订协议前做伤残(职业病)等级鉴定和知晓自身伤势,作为显失公平的标准。但具体怎么处理,形成了两种观点:

一是根据显示公平原则,将工伤赔偿协议认定为无效。《最高人民法院关于审理劳动争议案件适用法律若干问题的解释(一)》第 35 条实际就是这个做法,而一概否认其效力,实际上对工伤职工保护也不利。不排除很多用人单位为了早日解决纠纷,签订工伤赔偿协议,在当前工伤赔偿流程非常漫长的背景下,这对工伤职工也是有利的。

二是承认赔偿协议有效,但对用人单位要补足差额。北京市高级人民法院、北京市劳动争议仲裁委员会《关于劳动争议案件法律适用问题研讨会会议纪要(一)》第 30 条第 2 款规定②,用人单位与劳动者就工伤保险待遇达成的协议在履行完毕后,劳动者以双方约定的给付标准低于法定标准为由,在仲裁时效内要求用人单位按法定标准补足差额部分的,应予支持。

广州市劳动争议仲裁委员会、广州市中级人民法院《关于劳动争议案件研讨会会议纪要》(穗劳仲会纪〔2011〕2 号)第 18 条规定,劳动者与用人单位之间达成协议的效力,应按照《最高人民法院关于审理劳动争议案件适用法律若干问题的解释(三)》第 10 条的规定进行审查。劳动者仅以用人单位在协议中未明确告知劳动者法定补偿标准为由,请求确认协议无效或请求撤销该协议的,不予支持。如果按照广州市的这个规定,如果当事人签订了工伤赔偿协议并且已经履行,即便用人单位赔偿的金额低于法定赔偿标准,劳动者主张撤销协议或者补足差额的,可能难以得到支持。③ 但如果这样处理,对工伤职工显然不公平,所以本案按照第二种方式予以处理。

---

① 这个规定已经失效,但当时仲裁机构和法院也考虑这个规定,其实对于劳动争议能否适用民法的有关规定是存在争议的。

② 北京市高级人民法院、北京市劳动争议仲裁委员会《关于劳动争议案件法律适用问题研讨会会议纪要(一)》第 30 条第 2 款规定。

③ 钟洋:《工伤赔偿协议的效力分析》,西南政法大学 2016 法律硕士学位论文。

【核心法条链接】

《中华人民共和国劳动合同法》

第二十六条　下列劳动合同无效或者部分无效:(一)以欺诈、胁迫的手段或者乘人之危,使对方在违背真实意思的情况下订立或者变更劳动合同的;(二)用人单位免除自己的法定责任、排除劳动者权利的;(三)违反法律、行政法规强制性规定的。

对劳动合同的无效或者部分无效有争议的,由劳动争议仲裁机构或者人民法院确认。

《最高人民法院关于审理劳动争议案件适用法律若干问题的解释(一)》

第三十五条　劳动者与用人单位就解除或者终止劳动合同办理相关手续、支付工资报酬、加班费、经济补偿或者赔偿金等达成的协议,不违反法律、行政法规的强制性规定,且不存在欺诈、胁迫或者乘人之危情形的,应当认定有效。

前款协议存在重大误解或者显失公平情形,当事人请求撤销的,人民法院应予支持。

【实务操作建议】

实务操作中,用人单位在一定条件下是可以与劳动者签订工伤赔偿协议的,但前提是不能通过协议排除对方权利,减轻自己的责任。根据具体案件的不同,人民法院最终的处理方式也不尽相同。因此,在实务中,工伤赔偿协议的效力在实务中争议较大,用人单位签订后并非万无一失。根据目前的司法审判实践,除违反法律、行政法规的强制性规定,或存在欺诈、胁迫、乘人之危、显失公平的,一般都认定为协议有效。故而用人单位应该慎重签订。

(撰稿人:吴俊男)

十九、一事不再罚以及处罚行为的举证责任

【案情介绍】①

刘某于 2010 年 11 月 18 日入职深圳市机场某公司(以下简称"机场某公司"),工作岗位为地勤驾驶员。2018 年 8 月 21 日,刘某在工作过程中违反驾驶员的操作流程,未与乘务员核对信息,将旅客送至错误的飞机上,按照民航安全规定该航班必须进行清舱检查,导致飞机延误达 210 分钟。该事件被定性为严重差错,刘某行为严重违反了规章制度,受到单位处罚,被留用察看并调离原岗位。事后经过七八个月,机场某公司以刘某犯前述重大过失为由,解除劳动合同,将其开除。本案中,对于机场某公司解除劳动合同的行为是否合法,即用人单位是否存在一事二罚的情形,用人单位是否应当支付刘某相应的赔偿金等问题,诉辩双方存在较大分歧,由此展开争讼。

在广东省深圳市宝安区人民法院一审庭审中,机场某公司诉称:我方依法解除与刘某之间的劳动关系,不存在一事二罚的事实,理由如下:

1. 刘某提供的证据"截屏"并未提供原件核对,也未能提供该截屏的来源,对该证据的三性均不能确认,依法不能作为定案依据;即便从该证据的文字内容来看,也不能证明我公司对刘某已采取了"留用察看"的处罚措施。根据我公司员工奖惩规定,留用察看处理期间停发绩效工资及奖金,但是在该事件处理中,我公司对刘某足额发放工资及绩效奖金、福利补贴,并不符合"留用察看"的处理结果,可以证明事实上并未对刘某实施"留用察看"处理。

2. 刘某于 2018 年 8 月严重违纪导致我公司遭受巨大损失,但因当时正值进博会、改革开放 40 年纪念日、春运、两会等重要活动,处于特别维稳期,我公司作为负责深圳机场运送安全的重要窗口单位,在履行社会责任方面作出了积极的贡献。鉴于维稳因素并未当即对刘某进行处理,其间我公

---

① 案例来源:中国裁判文书网,(2019)粤 0306 民初 22549 号、(2020)粤 03 民终 4670 号。

司也曾与其协商解除劳动合同及介绍工作,建议刘某主动离职,均被拒绝,不能因推迟处理就认定我公司已对刘某的严重违纪行为进行过处罚。《劳动合同法》并未规定用人单位处理的期限,因此不能认为我公司丧失解除劳动合同的权利。

3. 刘某严重失职行为给我公司造成了损害,我公司有权要求解除合同。刘某出具的检讨书中,已承认其严重违纪行为给我公司造成的严重后果和损失。根据双方签订的《劳动合同》第9条第5款约定,《深圳市机场某商务发展有限公司员工奖惩暂行条例》第18条第4款、第21条第1款之规定,《劳动合同法》第39条第2款、第3款规定,劳动者严重违反用人单位规章制度的或者劳动者严重失职等用人单位可以解除劳动合同。因此,我公司依法依规解除与刘某的劳动合同关系属合法解除,不存在违法解除劳动合同的问题。

一审法院认为,关于违法解除劳动合同赔偿金:根据机场某公司员工奖惩规定,留用察看处理期间停发绩效工资及奖金,但事件处理期间,机场某公司对刘某足额发放工资及绩效奖金、福利补贴。因此,机场某公司并未对刘某作留用察看处理。刘某严重违反机场某公司规章制度并严重失职,给机场某公司造成重大损害,机场某公司解除与刘某的劳动合同,有事实和法律依据,无须支付违法解除劳动合同赔偿金。判决机场某公司无须支付刘某违法解除劳动合同赔偿金166090元。

刘某不服该判决,向广东省深圳市中级人民法院提起上诉。

【处理结果】

关于解除劳动合同的赔偿金,二审法院判决如下:机场某公司主张因刘某2018年违反公司规定,造成严重事故,故对其予以辞退。刘某对于其将旅客送错机位被通报的事实予以确认,但认为已对其作出了留用察看的处理。机场某公司在经历七个月之久才提出解除劳动合同,不符合常理。且根据刘某提交的内部文件截图,可以证明机场某公司已将刘某调离原工作岗位,故采信刘某的主张。机场某公司再次以同一事由解除与刘某的劳动合同,属重复处罚,其解除劳动合同缺乏事实依据,其应向刘某支付违法解除劳动合同的赔偿金。根据刘某离职前12个月的平均工资标准及入职年限,机场某公司应支付的赔偿金为150800.60元(8870.62元×8.5个月×2),刘某请求中超过部分,不予支持。

【争议焦点】

"一事不再罚"是适用行政处罚的基本原则,《行政处罚法》第 24 条规定:"对当事人的同一个违法行为,不得给予两次以上罚款的行政处罚。"虽然法律没有明确规定该原则在劳动法律关系中的适用,且用人单位对本单位员工违纪行为行使惩戒权的性质亦有别于行政处罚,但如果不对用人单位进行约束,则其将拥有过度的惩戒权利,极有可能利用其在劳动关系中的强势地位对劳动者进行重复处罚。因此,对于劳动者违纪行为的处罚,用人单位是否应借鉴并适用"一事不再罚"原则,如何界定用人单位的惩戒权范围,惩戒行为的举证责任是否应当由用人单位承担等问题,需要进一步探讨。

【案例评析】

其一,《劳动法》和《劳动合同法》都明确规定允许用人单位根据企业的具体情况制定规章,其中的重要一部分就是劳动纪律方面,包括用人单位对员工的日常管理,员工需要履行的劳动义务、劳动职责等;员工表现出色时,用人单位应给予怎样的奖励措施;在员工违反劳动纪律时,用人单位可以采取哪些纪律处分,如降级、撤职、开除(解除劳动关系)以及经济处罚等。劳动者在劳动关系中具有从属性,处于受支配的地位,对用人单位的劳动安排有服从的义务。为保证劳动者听从安排、服从指挥,应当允许用人单位通过规章制度端正纲纪、明确纪律,惩处制度是贯彻巩固劳动纪律的重要措施。[①] 有鉴于此,本案中的用人单位机场某公司有权针对刘某的违纪行为作出相应处罚,但这是否意味着用人单位可以重复对劳动者进行处罚呢? 答案是否定的。

其二,"一事不再罚"是行政处罚法的一项基本原则,是指对违法行为人的同一违法行为,不得以同一事实和依据给予两次以上的处罚。行政处罚法中规定此项原则,目的在于防止重复处罚,体现过罚相当的原则。用人单位虽然不是行政机关,但也有一定的特殊性,用人单位既是生产经营与用工的管理方,又是与劳动者相对平等的一方当事人。用人单位为了更好地经营管理,制定合法有效的规章制度,其中规定了对劳动者的一

[①]　邬砚:《对用人单位"罚款权"的授权及规制》,载《经济法论坛》2013 年第 11 期。

些奖惩制度,这体现了用人单位对劳动者违纪具有一定的处分权利。与此同时,用人单位在享有权利的前提下,也应对权利有所规制,在本案中体现的就是用人单位的"一事不再罚"原则。该原则主要是指当劳动者发生同一违纪行为时,用人单位不得以同一事实和依据,给予两次及以上的处罚(处理)。

其三,违纪处罚行为本身的举证责任应当在用人单位。根据《最高人民法院关于审理劳动争议案件适用法律若干问题的解释(一)》第44条规定,因用人单位作出的开除、除名、辞退、解除劳动合同、减少劳动报酬、计算劳动者工作年限等决定而发生的劳动争议,用人单位负举证责任。《劳动争议调解与仲裁法》第6条规定:发生劳动争议,当事人对自己提出的主张,有责任提供证据。与争议事项有关的证据属于用人单位掌握管理的,用人单位应当提供;用人单位不提供的,应当承担不利后果。由此可见,用人单位对劳动者违纪处罚的举证责任应当在用人单位,既然对劳动者违纪行为的举证责任在于用人单位,那么对处罚行为本身的举证责任也应当在用人单位。也就是说,用人单位在作出处罚前,应当全面、及时、准确地收集证据,既要保存好劳动者违纪行为的有关证据,也要保存好处罚行为的有关证据,以备日后诉讼活动所需。

【核心法条链接】

《中华人民共和国劳动合同法》

第四条　用人单位应当依法建立和完善劳动规章制度,保障劳动者享有劳动权利、履行劳动义务。

第三十九条　劳动者有下列情形之一的,用人单位可以解除劳动合同:

(一)在试用期间被证明不符合录用条件的;

(二)严重违反用人单位的规章制度的;

(三)严重失职,营私舞弊,给用人单位造成重大损害的;

(四)劳动者同时与其他用人单位建立劳动关系,对完成本单位的工作任务造成严重影响,或者经用人单位提出,拒不改正的;

(五)因本法第二十六条第一款第一项规定的情形致使劳动合同无效的;

(六)被依法追究刑事责任的。

《最高人民法院关于审理劳动争议案件适用法律若干问题的解释(一)》

第四十四条　因用人单位作出的开除、除名、辞退、解除劳动合同、减少劳动报酬、计算劳动者工作年限等决定而发生的劳动争议,用人单位负举证责任。

《劳动争议调解仲裁法》

第六条　发生劳动争议,当事人对自己提出的主张,有责任提供证据。与争议事项有关的证据属于用人单位掌握管理的,用人单位应当提供;用人单位不提供的,应当承担不利后果。

【实务操作建议】

在市场经济飞速发展的今天,劳动者的权益保护亦日益受到社会各界的广泛关注。用人单位在科学管理劳动者的同时,也要保障其合法权益。即使是对于劳动者违纪行为的处罚,也应当合法合规进行,如果用人单位对劳动者的同一违纪行为进行重复处罚,可能会导致员工对用人单位规章制度可靠性期待的丧失,令违纪员工一直处于惶恐的心理状态,这不利于员工改正错误。一般来说,用人单位对员工的违纪行为作出处罚后,员工已因自己的违纪行为付出了一定代价,单位也因此达到了一定的管理目的,员工在接受处罚后,也通常会在今后工作中努力加以改进。但是如果用人单位肆意对违纪行为重复处罚,员工则会明显感受到双方地位的极度不平等,甚至产生逆反的心理,不利于用人单位实现良性管理。出于公平和诚信原则的要求,用人单位应当从保护劳动者利益的角度出发,遵循诚实信用和信赖保护原则,公平公正地践行公司规章制度,谨慎使用处罚权。在此类案件中,法院在裁判时也应当考量"一事不再罚"原则,以保护劳动者的合法权益为目的。[①] 另外,用人单位行使处罚权时,应当注意及时收集相关证据,以证明处罚劳动者违纪行为的必要性,处罚后用人单位也应当妥善保存证据,以便于应对日后可能发生的诉讼活动。

(撰稿人:沈诩斐)

[①]　在上海开新汽车服务有限公司诉鲁俊超劳动合同纠纷一案[(2016)沪01民终7559号]中,参见判决词部分:用人单位应当严格依照制定的规章制度行使用工管理权而不能随心所欲。根据查明的事实,开新公司针对鲁俊超违纪的行为已经作出过记大过的处理。在此前提下,开新公司再据此解除劳动合同,显然违反了"一事不再罚"的基本原则。所以,开新公司的解约行为违法,应当承担相应的法律责任。说明在实践中,用人单位"一事不再罚"原则已在民事劳动争议案件审判活动中运用。

二十、电子证据的固化

【案情介绍】①

林某是某勘察测绘公司的职工,2000 年 8 月入职该公司从事预结算管理岗位工作。林某与公司签订有书面劳动合同,自 2014 年 1 月 1 日起签订无固定期限劳动合同。劳动合同中约定公司有权根据生产经营及林某的能力调整其工作岗位,若因岗位调整涉及工资待遇变动的,按照变动后的岗位工资标准执行。

2017 年 7 月,某勘察测绘公司因生产经营管理的需要,想调整林某的工作岗位,将其由综合部部长调整至土木实验室行政主管。双方经过多次协商,林某坚持不同意调岗。公司于 2017 年 7 月 18 日根据双方劳动合同的约定向林某送达了调岗通知书,要求其于 2017 年 7 月 25 日到新岗位上班。林某以"看不出调岗的合理性与必要性为由"对该调岗通知提起书面异议,该异议没有得到公司支持。林某也未于规定时间到新岗位报到,公司以旷工为由对林某予以多次旷工警告。公司员工手册有规定,林某的劳动合同也有约定,连续旷工超过 5 天,或者一年内累计旷工超过 15 天,公司可以单方解除劳动合同。同时约定,不服从工作安排或者公司岗位调动,公司可以单方面解除劳动合同。最终,公司以林某拒不服从调岗安排,无故旷工超过 13 天,严重违反了勘察测绘公司的规章制度为由,于 2017 年 8 月 7 日作出视为其自动离职的决定。公司认为是因为林某过错致使公司单方解除与其的劳动关系,因此无须支付解除劳动关系的赔偿金。

林某认为公司未经其同意单方调岗的行为并非出于工作需要,缺乏合法合理依据,公司名义上的调岗实际上是降职降薪。劳动合同中的有关约定明显违反了劳动合同法的规定,公司制定的格式劳动合同限制了劳动者

---

① 案例来源:中国裁判文书网,(2017)粤 0304 民初 52028 号、(2019)粤 03 民终 35 号。

的权利,免除了自己的法定义务,应属无效。因此,公司单方解除劳动合同的行为违法,应向其支付违法解除劳动关系的赔偿金。林某遂将公司诉至仲裁委,要求公司支付违法解除劳动关系的赔偿金、任职期间克扣的工资差额、任职期间的拖欠工资、未休年休假工资以及律师费。

仲裁委裁决后,某勘察测绘公司不服仲裁委的裁决,提起民事诉讼,双方不服一审判决结果,再次提起上诉,在二审过程中,林某提交了一份微信聊天记录作为新证据,拟证明公司在林某离职后并未向新调整的岗位上增派人手,调整岗位是某勘察测绘公司的借口,公司的行为属于违法解除。双方针对该份电子证据的质证和认证问题在法庭上展开了激烈的辩论。

【处理结果】

仲裁委裁决用人单位属于违法解除劳动合同,应当支付赔偿金、任职期间克扣的工资差额、任职期间的拖欠工资、未休年休假工资以及律师费。公司不服提起诉讼,一审法院维持仲裁委裁决。原被告不服提起上诉,二审法院基本维持一审判决,对林某新提交的微信聊天记录的电子证据,法院以"因该份证据未经电子证据固化或公证,且勘察测绘院公司对该份证据的真实性、关联性均不予认可"为由,未予采信,仅变更了解除劳动合同赔偿金的数额。

【争议焦点】

电子数据是否具有证据效力和证明效力? 如何认定电子数据的完整性和可靠性? 电子数据应如何固化才能保证证据的真实性、合法性、关联性?

【案例评析】

2012 年修订的《民事诉讼法》将"电子数据"列为新的证据类型,确立了电子证据在民事诉讼法上的独立证据地位。随后,《最高人民法院关于适用〈中华人民共和国民事诉讼法〉的解释》明确,电子数据是指通过电子邮件、电子数据交换、网上聊天记录、博客、微博、手机短信、电子签名、域名等形式存储在电子介质中的信息。以上法律规定为电子数据在诉讼和维权中成为有效证据提供了强有力的法律依据。

《最高人民法院关于民事诉讼证据的若干规定》第 93 条规定,人民法院对于电子数据的真实性,应当结合下列因素综合判断:其一,电子数据的生成、存储、传输所依赖的计算机系统的硬件、软件环境是否完整、可靠,是否处于正常运行状态,是否具备有效的防止出错的监测、核查手段;其二,电子数据是否被完整地保存、传输、提取,且保存、传输、提取的方法是否可靠;其三,电子数据是否在正常的往来活动中形成和存储;其四,保存、传输、提取电子数据的主体是否适当;其五,影响电子数据完整性和可靠性的其他因素。《最高人民法院关于民事诉讼证据的若干规定》第94条规定,电子数据存在下列情形的,人民法院可以确认其真实性,但有足以反驳的相反证据的除外:由当事人提交或者保管的于己不利的电子数据;由记录和保存电子数据的中立第三方平台提供或者确认的;在正常业务活动中形成的;以档案管理方式保管的;以当事人约定的方式保存、传输、提取的。电子数据内容经公证机关公证的,人民法院应当确认其真实性,但有相反证据足以推翻的除外。

而在本案件中,被告林某向法庭提交了一份微信聊天记录作为证据,该证据属于电子数据的证据类型,但该电子证据未经固化和公证,因此法院对该证据未予采信。"电子证据"因其易伪造篡改的特性,只有经过公证和固化,才能保证证据的完整性和可靠性,才能具有证据效力,才有可能被法院采信。而如何才能对电子证据进行固化?根据以上的法律规定可知,固化的实质就是要保证电子证据在保存、传输、提取过程中的完整性和可靠性。最常见的固化手段,即通过公证机关对电子证据进行公证,通过中立权威的第三方对电子数据进行提取、传输、保存,以保证电子证据内容的完整性和可靠性,以实现法庭对电子证据真实性的认可,以推进该电子证据能最终被法院所采信。

【核心法条链接】

《中华人民共和国民事诉讼法》

第六十六条 证据包括:

(一)当事人的陈述;

(二)书证;

(三)物证;

(四)视听资料;

(五)电子数据;

(六)证人证言;

（七）鉴定意见；

（八）勘验笔录。

证据必须查证属实，才能作为认定事实的根据。

《中华人民共和国电子签名法》

第四条　能够有形地表现所载内容，并可以随时调取查用的数据电文，视为符合法律、法规要求的书面形式。

第五条　符合下列条件的数据电文，视为满足法律、法规规定的原件形式要求：

（一）能够有效地表现所载内容并可供随时调取查用；

（二）能够可靠地保证自最终形成时起，内容保持完整、未被更改。但是，在数据电文上增加背书以及数据交换、储存和显示过程中发生的形式变化不影响数据电文的完整性。

第六条　符合下列条件的数据电文，视为满足法律、法规规定的文件保存要求：

（一）能够有效地表现所载内容并可供随时调取查用；

（二）数据电文的格式与其生成、发送或者接收时的格式相同，或者格式不相同但是能够准确表现原来生成、发送或者接收的内容；

（三）能够识别数据电文的发件人、收件人以及发送、接收的时间。

第七条　数据电文不得仅因为其是以电子、光学、磁或者类似手段生成、发送、接收或者储存的而被拒绝作为证据使用。

第八条　审查数据电文作为证据的真实性，应当考虑以下因素：

（一）生成、储存或者传递数据电文方法的可靠性；

（二）保持内容完整性方法的可靠性；

（三）用以鉴别发件人方法的可靠性；

（四）其他相关因素。

《最高人民法院关于适用〈中华人民共和国民事诉讼法〉的解释》

第一百一十六条　视听资料包括录音资料和影像资料。

电子数据是指通过电子邮件、电子数据交换、网上聊天记录、博客、微博客、手机短信、电子签名、域名等形成或者存储在电子介质中的信息。

存储在电子介质中的录音资料和影像资料，适用电子数据的规定。

《最高人民法院关于民事诉讼证据的若干规定》

第十四条　电子数据包括下列信息、电子文件：

（一）网页、博客、微博客等网络平台发布的信息；

（二）手机短信、电子邮件、即时通信、通信群组等网络应用服务的通信信息；

（三）用户注册信息、身份认证信息、电子交易记录、通信记录、登录日志等信息；

（四）文档、图片、音频、视频、数字证书、计算机程序等电子文件；

（五）其他以数字化形式存储、处理、传输的能够证明案件事实的信息。

第十五条　当事人以视听资料作为证据的，应当提供存储该视听资料的原始载体。

当事人以电子数据作为证据的，应当提供原件。电子数据的制作者制作的与原件一致的副本，或者直接来源于电子数据的打印件或其他可以显示、识别的输出介质，视为电子数据的原件。

第二十三条　人民法院调查收集视听资料、电子数据，应当要求被调查人提供原始载体。

提供原始载体确有困难的，可以提供复制件。提供复制件的，人民法院应当在调查笔录中说明其来源和制作经过。

人民法院对视听资料、电子数据采取证据保全措施的，适用前款规定。

第九十三条　人民法院对于电子数据的真实性，应当结合下列因素综合判断：

（一）电子数据的生成、存储、传输所依赖的计算机系统的硬件、软件环境是否完整、可靠；

（二）电子数据的生成、存储、传输所依赖的计算机系统的硬件、软件环境是否处于正常运行状态，或者不处于正常运行状态时对电子数据的生成、存储、传输是否有影响；

（三）电子数据的生成、存储、传输所依赖的计算机系统的硬件、软件环境是否具备有效的防止出错的监测、核查手段；

（四）电子数据是否被完整地保存、传输、提取，保存、传输、提取的方法是否可靠；

（五）电子数据是否在正常的往来活动中形成和存储；

（六）保存、传输、提取电子数据的主体是否适当；

（七）影响电子数据完整性和可靠性的其他因素。

人民法院认为有必要的，可以通过鉴定或者勘验等方法，审查判断电子数据的真实性。

第九十四条　电子数据存在下列情形的,人民法院可以确认其真实性,但有足以反驳的相反证据的除外:

(一)由当事人提交或者保管的于己不利的电子数据;

(二)由记录和保存电子数据的中立第三方平台提供或者确认的;

(三)在正常业务活动中形成的;

(四)以档案管理方式保管的;

(五)以当事人约定的方式保存、传输、提取的。

电子数据的内容经公证机关公证的,人民法院应当确认其真实性,但有相反证据足以推翻的除外。

《最高人民法院关于互联网法院审理案件若干问题的规定》

第十一条　当事人对电子数据真实性提出异议的,互联网法院应当结合质证情况,审查判断电子数据生成、收集、存储、传输过程的真实性,并着重审查以下内容:

(一)电子数据生成、收集、存储、传输所依赖的计算机系统等硬件、软件环境是否安全、可靠;

(二)电子数据的生成主体和时间是否明确,表现内容是否清晰、客观、准确;

(三)电子数据的存储、保管介质是否明确,保管方式和手段是否妥当;

(四)电子数据提取和固定的主体、工具和方式是否可靠,提取过程是否可以重现;

(五)电子数据的内容是否存在增加、删除、修改及不完整等情形;

(六)电子数据是否可以通过特定形式得到验证。

当事人提交的电子数据,通过电子签名、可信时间戳、哈希值校验、区块链等证据收集、固定和防篡改的技术手段或者通过电子取证存证平台认证,能够证明其真实性的,互联网法院应当确认。

当事人可以申请具有专门知识的人就电子数据技术问题提出意见。互联网法院可以根据当事人申请或者依职权,委托鉴定电子数据的真实性或者调取其他相关证据进行核对。

【实务操作建议】

在劳动纠纷的仲裁和诉讼过程中,对任何事实的举证都离不开证据。

而在这个互联网时代,电子证据越来越常见,电子证据作为新型证据逐渐被接纳,成为诉讼证据的重要形式之一。在劳动争议案件的仲裁或诉讼过程中,已无法忽视电子证据的存在,用人单位提交的电子数据是否有效固化直接影响着证据能否被法院采信,进而影响仲裁或诉讼的结果。因此,掌握有效的电子证据固化手段对于用人单位来说十分实用且必要。

(一)电子证据的固化方式

1.公证

通过公证机关进行证据保全公证是最常见且有效的电子证据固化手段。证据保全公证,是指公证机构根据自然人、法人或者其他组织的申请,依法对与申请人权益有关的,有法律意义的证据、行为过程加以提取、收存、固定、描述以及对申请人取证行为的真实性予以证明的活动。在提取电子数据前,可询问公证机关的工作人员,公证人员会向当事人说明提取、固定证据的方法、操作程序以及使用的设备,并告知相应的风险和注意事项。经过公证的电子数据,不用当庭展示电子数据原媒介,可直接将公证文书作为证据出示,经过公证的证据具有较强的证明力。但需注意,当事人申请保全公证的电子证据内容不得侵犯他人通信秘密、个人隐私,申请保全的方式不得违反法律、法规的禁止性规定。

2.TSA电子证据固化平台

可通过TSA电子证据固化平台固化电子证据。当前,已向大众推出利用TSA电子证据固化平台,提供快捷有效的电子证据固化服务。通过TSA电子证据固化系统进行电子取证,可对互联网上发生的行为和事实(如网络购物、网页、文章、图片、视频、影视剧、短视频、聊天记录、电子邮件、电子交易记录、计算机程序等)通过自动网页取证或录屏取证方式进行固化保全。通过该平台系统固化的电子证据具有较高的完整性和可靠性,能被法院采信的可能性较高。

(二)电子证据在法庭上的出示方式

1.手机短信证据的出示方式

将手机短信作为证据出示的,应当庭出示,并将短信内容、发(收)件人、发(收)时间、保存位置等相关信息予以书面摘录,作为庭审笔录的一部分。举证方也可自愿申请短信公证,并将公证文书作为证据出示。

2.电子邮件证据的出示方式

电子邮件应由举证一方提供邮件的来源,包括发件人、收件人及邮件提供人，上述人员与案件当事人的关系，邮件的生成、接收时间及邮件内容。庭审出示证据时，若双方均无异议，可直接出示邮件纸质件；否则，应在计算机上当庭演示，并下载打印成纸质件。若电子邮件已作公证的，不用当庭演示邮件，可直接将公证文书作为证据出示。

3.网页证据的出示方式

将网页作为证据出示时，举证方应提供网址、时间，并将网页当庭演示，指明网页中与案件相关联的内容。同时，提供网页的纸质件，以备留档查考。经双方同意，也可只出示网页纸质件，不再演示网页。由于网页信息更新快，时效性强，诉讼中应注意对网页证据的保全，可通过公证、摄像、下载等形式固定网页。一般而言，经过公证的网页证据具有较强的证明力，可不当庭演示网页，而直接将公证文书作为证据出示。

（撰稿人：周锦如）

二十一、劳动争议案件证明标准

【案情介绍】①

李某为某制造公司的员工,自 2011 年 4 月 8 日起与公司建立用人关系,职务为安全主管。2018 年 4 月,某制造公司发生员工罢工事件,李某作为负责厂区外围的安全主管,被公司安排在南厂门口执勤,维持现场秩序,安抚罢工员工情绪,防止外来人员混进厂区。2018 年 4 月 1 日,一名员工向某未按规定佩戴厂牌进入工厂,经提醒仍不配合出示,李某在大门口将其拦下,核实其员工身份后对向某开具了员工违纪报告。30 分钟后,向某带着领班再次来到大门口,在罢工现场大吵并声称保安乱开违纪单、打人,致使罢工员工开始附和,现场开始失控。安全部总监孙某听到吵闹声从保安室出来询问原因,李某将情况告知,孙某、李某、李某某三人就将向某带到了保安休息室,关上了门,室外的人无法知道室内的情况,室内也没有摄像头。之后,向某向公司投诉,声称在此期间自己遭受了三人的殴打和辱骂。

2018 年 5 月 18 日,公司以有合理的理由怀疑李某有违反公司规章制度的行为须展开调查为由,向李某发出停职通知。之后,公司组织由集团法务、公司多名专业的调查人员组成的调查团队对有关情况进行调查,并将李某等人叫到会议室进行谈话,依据调查掌握到的一系列证据,最终形成了调查笔录。2018 年 5 月 23 日,公司以李某于 2018 年 4 月 1 日在公司所管辖范围内殴打他人,该行为严重违反公司规章制度的有关规定为由,向李某发出解除劳动合同通知,单方解除与李某的劳动关系。

李某主张自己并没有殴打向某,公司的调查结论存在错误,公司的解雇理由不存在,认为公司解除劳动关系的行为属于违法解除,故将公司诉至仲

---

① 案例来源:中国裁判文书网,(2019)粤 04 民终 793 号。

裁委,要求公司支付违法解除劳动合同的赔偿金。该制造公司主张,李某在公司所管辖范围内殴打他人的违纪行为,违反《纪律执行程序文件》的规定,解除与李某的劳动合同合法。

在诉讼过程中,公司依法对李某存在其述违纪行为以及公司内部规章制度的合法性、公示性承担举证证明责任,否则应承担不利后果。公司方向法院提交了事发过程中的录音录像资料及相关录像截屏;受害人向某陈述的病历、受伤照片、录音摘录;李某的调查笔录;从公安局派出所调取的向某的笔录和孙某的笔录作为证据,以证明李某违纪行为的存在。

【处理结果】

仲裁委裁决用人单位属于违法解除劳动合同,应当支付违法辞退的赔偿金。公司不服提起诉讼,一审法院没有改变仲裁裁决结论。原告不服提起上诉,二审法院基本驳回上诉,维持一审判决。法院经审理认为,向某在派出所的询问笔录中并未提及对其实施殴打行为的保安姓名,且李某在接受询问时亦否认其殴打了向某,而公司的内部调查笔录也并无李某本人签名,故本案中公司所提交的证据尚未形成完整的证据链,内部调查笔录的真实性未达高度盖然性的程度,不应作为本案定案的依据。此外,法院认为公司所提供的监控视频并未体现李某存在殴打向某的违纪行为,公司以此为由解除与李某的劳动合同理据不足,公司属于违法辞退李某,应向李某支付违法解除劳动关系的经济补偿金。

【争议焦点】

公司解除劳动合同的行为是否合法?证明公司解除劳动合同行为合法的证明责任由谁承担?公司提供的证明李某存在违纪行为的内部调查证据,能否达到劳动争议案件的证明标准?

【案例评析】

本案中,该制造公司以李某在公司所管辖范围内殴打他人的违纪行为,违反公司的规章制度为由,解除与李某的劳动合同合法。根据《最高人民法院关于审理劳动争议案件适用法律若干问题的解释(一)》第13条的规定,公司应对李某存在其述违纪行为以及公司内部规章制度的合法性、公示性承担举证证明责任,否则应承担不利后果。

我国目前没有有关劳动争议诉讼程序的特别法规定,根据《劳动人事争议仲裁办案规则》第18条的规定,劳动人事仲裁委员会和法院在处理劳动争议案件时一般参照《民事诉讼法》的规定,在确立劳动争议案件的证明标准时,采用民事诉讼案件的证明标准。从《民事诉讼法》第63条、第64条,《最高人民法院关于民事诉讼证据的若干规定》第64条中,有关"查证属实""全面、客观"的表述来看,我国民事诉讼采用的证明标准是"高度盖然性"。高度盖然性证明标准,即一方当事人提出的证据已经证明该事实的发生具有高度的盖然性。具体而言,要求定案的依据必须达到确信的程度,最终认定的证据能够相互印证,形成一条完整的证据链,得出唯一的证明结论,不允许仅凭微弱的证据优势认定案件事实。

公司方向法院提交了事发过程中的录音录像资料及相关录像截屏;受害人向某陈述的病历、受伤照片、录音摘录;李某的调查笔录;从公安局派出所调取的向某的笔录和孙某的笔录作为证据,以证明李某违纪行为的存在。虽然这些证据数量很多,且具有证据资格,但这些证据未能直接证明劳动者李某殴打向某的事实,向某在派出所的询问笔录中并未提及对其实施殴打行为的保安姓名,李某在接受讯问时否认殴打向某,监控视频并未体现李某存在殴打向某的违纪行为,因此这些证据与待证事实并不具有关联性。此外,有些证据在程序上存在瑕疵,内部调查笔录上未有谈话对象李某的本人签名,该证据的真实性和合法性存疑。

因此,公司方提交的证据在证据的合法性、真实性、关联性上存在缺失,证据之间无法相互印证,未能形成完整的证据链,得出唯一的证明结论,达到"高度盖然"的证明标准。故而,不能证明劳动者李某存在在公司所管辖范围内殴打他人的违纪行为事实,进而致使公司解除劳动者李某劳动关系的行为缺乏合法依据,系违法解除劳动关系,应支付劳动者经济补偿金。

【核心法条链接】

《最高人民法院关于适用〈中华人民共和国民事诉讼法〉的解释》

第一百零八条　对负有举证证明责任的当事人提供的证据,人民法院经审查并结合相关事实,确信待证事实的存在具有高度可能性的,应当认定该事实存在。

对一方当事人为反驳负有举证证明责任的当事人所主张事实而提供的证据,人民法院经审查并结合相关事实,认为待证事实真伪不明的,应当认定该事实不存在。

法律对于待证事实所应达到的证明标准另有规定的,从其规定。

第一百零九条 当事人对欺诈、胁迫、恶意串通事实的证明,以及对口头遗嘱或者赠与事实的证明,人民法院确信该待证事实存在的可能性能够排除合理怀疑的,应当认定该事实存在。

《中华人民共和国劳动争议调解仲裁法》

第六条 发生劳动争议,当事人对自己提出的主张,有责任提供证据。与争议事项有关的证据属于用人单位掌握管理的,用人单位应当提供;用人单位不提供的,应当承担不利后果。

第三十九条 当事人提供的证据经查证属实的,仲裁庭应当将其作为认定事实的根据。

劳动者无法提供由用人单位掌握管理的与仲裁请求有关的证据,仲裁庭可以要求用人单位在指定期限内提供。用人单位在指定期限内不提供的,应当承担不利后果。

《中华人民共和国民事诉讼法》

第六十三条第二款 证据必须查证属实,才能作为认定事实的根据。

第六十四条第三款 人民法院应当按照法定程序,全面地、客观地审查核实证据。

《劳动人事争议仲裁办案规则》

第十八条 争议处理中涉及证据形式、证据提交、证据交换、证据质证、证据认定等事项,本规则未规定的,可以参照民事诉讼证据规则的有关规定执行。

《最高人民法院关于审理劳动争议案件适用法律若干问题的解释(一)》

第四十二条 劳动者主张加班费的,应当就加班事实的存在承担举证责任。但劳动者有证据证明用人单位掌握加班事实存在的证据,用人单位不提供的,由用人单位承担不利后果。

第四十四条 因用人单位作出的开除、除名、辞退、解除劳动合同、减少劳动报酬、计算劳动者工作年限等决定而发生的劳动争议,用人单位负举证责任。

《最高人民法院关于民事诉讼证据的若干规定》

第八十五条　人民法院应当以证据能够证明的案件事实为根据依法作出裁判。

审判人员应当依照法定程序,全面、客观地审核证据,依据法律的规定,遵循法官职业道德,运用逻辑推理和日常生活经验,对证据有无证明力和证明力大小独立进行判断,并公开判断的理由和结果。

【实务操作建议】

在劳动争议案件的仲裁或诉讼过程中,相对于劳动者来说,用人单位应承担的举证责任更多。同时,审理劳动争议案件时采用的"高度概然性"的证明标准,对用人单位所举证据的证明力要求较高。因此在日常用工和管理过程中,如工资的发放,以及对劳动者作出辞退、减薪等决定时,用人单位应通过有效方式保存证据,为应对之后可能发生的劳动争议纠纷做好应诉准备,避免因举证不能而承担败诉风险。

1. 以劳动者违反规章制度为由解除劳动关系的案件

以劳动者违反用人单位规章制度为由辞退员工,是常见的用人单位主动解除劳动合同的情形,也是极易发生纠纷的情形。在仲裁或诉讼中,用人单位应对规章制度内容的合法有效,以及劳动者的违反规章制度的事实,进行举证。若无法举证,或所举证据的证明力未达到证明标准,用人单位就要承担败诉风险,其解除劳动合同的行为会被认定为违法解除,应支付劳动者违法解除的经济补偿金。因此,用人单位如何在日常用工和管理过程中,保存证明规章制度已履行民主程序并已公示,证明劳动者违反规章制度的事实证据,对避免劳动纠纷的发生和积极应诉至关重要。

(1)证明劳动者违反规章制度的证据保存方式

用人单位应如何保存劳动者违反规章制度的事实证据,才能达到"高度盖然性"的证明标准呢? 建议采用以下几种方式:

①由违纪违规员工本人书写检讨书。由劳动者自述违反公司规章制度的事实内容,并由劳动者本人签字。

②通过拍照、录像的方式固定违规违纪经过。拍照及录音可直观记录劳动者的规章事实及经过,具有较高的证明力。

③单位出具违规违纪通知单,让员工签字确认。由用人单位出具写明违章事实的通知书送达给劳动者,并由劳动者本人签字确认。

④由部门经理对违章劳动者进行谈话并制作谈话笔录。对违章劳动者进行谈话,谈话中让劳动者对自己的违章行为进行自述,将谈话内容制成笔录,并由谈话人和被谈话人共同签字确认。

(2)证明规章制度已履行民主程序的证据保存方式

规章制度只有符合民主程序、内容合法合理、公示的三个条件,才能对劳动者发生效力,才能作为劳动仲裁委员会或者法院审理劳动争议案件的依据。因此,用人单位在保存证明已经履行民主程序并向劳动者公示的有关证据时,建议采用以下方式:

①向员工或分部门发放《员工手册/规章制度征集意见表》,通过填表方式听取员工对员工手册/规章制度的意见,将意见征集表进行回收和留存。

②召开全体职工会议或职工代表大会或工会代表大会,争求职工代表、工会代表对公司规章制度的意见,并将其发言意见记录在会议记录中,将会议记录和会议签到表进行留存。

(3)证明规章制度已经公示性的证据保存方式

用人单位在保存规章制度已经公示的证据时,建议采取以下方式:

①召开职工大会进行口头宣告,请到会人员签到,并做好会议记录。

②直接将劳动规章制度作为劳动合同的附件,在劳动合同约定事项中约定"乙方(职工)已经详细阅读并愿意遵守甲方(用人单位)的《劳动规章制度》"。

③将劳动规章制度印成员工手册发给员工阅读,并做好登记,员工阅读后在登记册上签字确认。登记册上应写明"我已经阅读,并愿意遵守"。

④在用人单位内的固定公告栏上张贴劳动规章制度全文公告,并将其张贴的劳动规章制度公告拍照或录像保存备查。

⑤在用人单位内部局域网上长期上传,并保存员工的浏览记录。

2.劳动者索要加班费的案件

用人单位一般通过银行转账的方式发放工资,但这种形式无法体现工资发放的项目构成,尤其是加班费一项。如果无法证明发放的工资中包含了工资及其金额,用人单位会面临被某些劳动者重复索要加班费的风险。因此,建议用人单位在发放工资时,制定详尽的工资表或工资条,并要求职工签字确定。将职工签字确定的工资表或工资条留存,通过这种方式保存已发放加班费的有效证据。

3.试用期因不符合录用条件而辞退的案件

用人单位在试用期内解除劳动合同,最常见的理由便是不符合录用条件,因此,建议用人单位在招聘、录用劳动者时,应当注意告之具体、明确的录用条件,并保留劳动者签字的书面证据。避免日后就录用条件发生争议时,用人单位方无法举证。

（撰稿人：周锦如）

二十二、解除劳动关系通知工会的时间

【案情介绍】①

　　王某和廖某为某网络科技公司的职工，王某于 2014 年 2 月入职，从事场景修图师岗位工作；廖某于 2015 年 2 月入职，从事场景制作师工作。2018 年 11 月，公司以违反公司的管理制度为由，根据员工手册扣发王某和廖某 11 月份的绩效薪资若千元。2018 年 12 月 6 日，公司向两位发出解除劳动关系的通知书载明，因两位目前累计已收到一等警告 1 次、二等警告 2 次、三等警告 1 次，严重影响了公司正常的经营管理秩序，根据《劳动合同法》第 39 条、《劳动法》第 25 条及公司《员工手册》的相关规定，公司决定与王某和廖某解除劳动关系。公司在解除与王某、廖某的劳动关系前向工会发送了通知函件，但公司在解除与廖某的劳动关系的工会通知函件中，载明的是解除与王某的劳动关系，1 个月后公司通知工会改正笔误。

　　王某和廖某认为公司克扣其 11 月份的工资没有合法合理依据，公司单方解除劳动关系的行为系违法解除，应支付赔偿金。王某和廖某二人将公司诉至仲裁委，廖某要求公司支付 2018 年 11 月份工资差额、2018 年 12 月 1 日至 6 日期间工资、违法解除劳动关系的赔偿金、2017 年和 2018 年未休年休假工资，以及在职期间休息日加班未调休的加班费，以及在职期间因禁用点餐权限而产生的伙食费。王某要求公司支付 2018 年 11 月份工资差额、2018 年 12 月 1 日至 6 日期间的工资、2017 年和 2018 年未休年休假工资，以及在职期间休息日加班未调休的加班费，以及在职期间因禁用点餐权限而产生的伙食费。

---

　　① 案例来源：中国裁判文书网，(2019)粤 0106 民初 8020、9803、14603 号。

【处理结果】

仲裁委裁决公司应支付王某 2018 年 12 月 1 日至 6 日期间工资，2018 年 10 月 29 日至 11 月 2 日期间的伙食费；公司应支付廖某 2018 年 12 月 1 日至 6 日期间工资、违法解除劳动合同的赔偿金、在职期间休息日未调休的加班费以及 2018 年 10 月 29 日至 11 月 2 日期间的伙食费。公司不服向法院提起诉讼，一审法院审理后没有改变仲裁委的裁决结论。

【争议焦点】

公司解除与王某、廖某劳动关系的行为是否合法？未在解除劳动关系前通知工会的程序瑕疵是否构成违法解除劳动关系的情形？未在解除劳动关系前通知工会的程序瑕疵，能否通过事后通知予以补正？事先通知工会的解雇函件中存在笔误等错误瑕疵，能否通过事后更正予以补正程序瑕疵？哪些错误可以事后更正补正？允许更正补正的期限是多久？

【案例评析】

《劳动合同法》第 43 条规定，用人单位单方解除劳动合同，应当事先将理由通知工会。《最高人民法院关于审理劳动争议案件适用法律若干问题的解释（一）》第 43 条规定："建立了工会组织的用人单位解除劳动合同符合劳动合同法第三十九条、第四十条规定，但未按照劳动合同法第四十三条规定事先通知工会，劳动者以用人单位违法解除劳动合同为由请求用人单位支付赔偿金的，人民法院应予支持，但起诉前用人单位已经补正有关程序的除外。"根据以上规定，用人单位单方解除劳动合同，在用人单位成立有工会的情况下，在解除劳动合同前应当事先通知工会，这是用人单位单方解除劳动合同的法定程序。用人单位未提前通知工会，用人单位单方解除劳动合同的行为构成程序违法，属于违法解除劳动合同的情形，应当向劳动者支付赔偿金。

本案中，该网络科技公司以王某、廖某的过错行为为由单方解除与其的劳动关系前，以函件的形式通知了工会，但在解除与廖某劳动关系前通知工会的函件中误载了劳动者姓名，将廖某写成了王某，在劳动合同解除后 1 个多月后向工会发出更正笔误函。审理法院认为虽然公司向工会发了更正笔误函，但更正笔误函在劳动合同解除后超过 1 个月才发出，廖某未签收该更正笔误函,且笔误的内容对函的法律性质极为重要,因此对该更正函不予认可。因此,解除廖某劳动关系的程序存在瑕疵,公司解除廖某劳动关系的行为违法,应向劳动者支付违法解除劳动关系的赔偿金。

【核心法条链接】

《中华人民共和国劳动合同法》

第四十三条　用人单位单方解除劳动合同,应当事先将理由通知工会。用人单位违反法律、行政法规规定或者劳动合同约定的,工会有权要求用人单位纠正。用人单位应当研究工会的意见,并将处理结果书面通知工会。

《中华人民共和国劳动法》

第三十条　用人单位解除劳动合同,工会认为不适当的,有权提出意见。如果用人单位违反法律、法规或者劳动合同,工会有权要求重新处理;劳动者申请仲裁或者提起诉讼的,工会应当依法给予支持和帮助。

《最高人民法院关于审理劳动争议案件适用法律若干问题的解释(一)》

第四十三条　建立了工会组织的用人单位解除劳动合同符合劳动合同法第三十九条、第四十条规定,但未按照劳动合同法第四十三条规定事先通知工会,劳动者以用人单位违法解除劳动合同为由请求用人单位支付赔偿金的,人民法院应予支持,但起诉前用人单位已经补正有关程序的除外。

【实务操作建议】

凡是成立有工会的用人单位,在单方解除与劳动者的劳动关系前,须将解除理由提前通知工会。该通知最好是以书面的形式,在作出解除劳动关系决定前送达,通知的内容须写明被解除劳动关系的劳动者的身份姓名、解除劳动关系的事实理由。用人单位在解除前只需通知工会,无须征求工会同意,但工会若有不同意见,应研究工会的意见,并将处理结果书面通知工会。

该通知义务是用人单位单方解除劳动合同的法定程序,若违反该法定程序,用人单位解除劳动关系的行为构成违法解除,劳动者可要求用人单位支付违法解除劳动关系的赔偿金。但是,法律的目的不在于惩罚,而在于督促用人单位履行法定程序,依法行使解除权。在劳动者起诉前,用人单位已经通过合理方式补正有关程序的,及时通知工会并听取工会意见,用人单位可以不支付赔偿金。

（撰稿人：周锦如）

二十三、仲裁时效仅决定着案件的胜诉权

【案情介绍】①

刘某是某工程设计公司的设计总监,2015 年 10 月 15 日加入该公司负责业务接单、装修设计,双方未签订应聘合同或劳务合同,刘某入职后,其间因发现某工程设计公司违法经营,故于 2017 年 6 月 12 日口头辞职,获某工程设计公司同意,某工程设计公司以工程款未到账为由欺骗刘某两天内一次性付清,但后来只支付了部分工资。2019 年 5 月 8 日,刘某申请劳动仲裁,要求某工程设计公司支付工资押金 15000 元及业务提成 30728 元。2019 年 6 月 25 日,东莞市劳动人事争议仲裁院大朗仲裁庭作出东劳人仲院大朗庭案字〔2019〕1118 号仲裁裁决,驳回刘某的全部请求。后刘某不服仲裁裁决,向法院提起诉讼。

【处理结果】

1. 限被告某工程设计公司在本判决发生法律效力之日起 3 日内向原告刘某退还押金 15000 元;
2. 驳回原告刘某的其他诉讼请求。

【争议焦点】

刘某要求某工程设计公司支付押金及业务提成,是否超过仲裁时效。

【案例评析】

本案是劳动者向用人单位主张支付押金及业务提成的劳动争议纠纷。其争议焦点在于是否超过仲裁时效。对于仲裁时效,根据《劳动争议调解仲

---

① 案例来源:中国裁判文书网,(2019)粤 1972 民初 13705 号。

裁法》第27条的规定,仲裁时效期间从当事人知道或者应当知道其权利被侵害之日起计算。本法第4款规定,劳动关系存续期间因拖欠劳动报酬发生争议的,劳动者申请仲裁不受本条第一款规定的仲裁时效期间的限制;但是,劳动关系终止的,应当自劳动关系终止之日起一年内提出。本案中,涉及部分的业务提成已过仲裁时效,虽丧失胜诉权,但是转化为自然债务,在用人单位自愿履行的情况下,用人单位不可主张返还。

《劳动争议调解仲裁法》第27条第1款规定:"劳动争议申请仲裁的时效期间为一年。仲裁时效期间从当事人知道或者应当知道其权利被侵害之日起计算。"第4款规定:"劳动关系存续期间因拖欠劳动报酬发生争议的,劳动者申请仲裁不受本条第一款规定的仲裁时效期间的限制;但是,劳动关系终止的,应当自劳动关系终止之日起一年内提出。"对于15000元押金,属于某工程设计公司向刘某收取的费用,不属于劳动报酬,根据文件四的内容,某工程设计公司应于2018年8月8日前退还给刘某,故在该期限届满后,某工程设计公司仍未退还的,刘某才知道权利被侵害,仲裁时效应从2018年8月9日起算。至刘某于2019年5月8日申请劳动仲裁时,未过一年仲裁时效。

对于10241元业务提成,属于劳动报酬,根据文件二的内容,其中有3925元(黄江未结1425元+竹山叶姐2500元),某工程设计公司应于2017年7月15日向刘某结清,理由同上,一年仲裁时效应从2017年7月16日起算,并于2018年7月15日届满。其余6316元未约定付款期限,依照上述法律规定,一年仲裁时效应从劳动关系终止之日即2017年6月12日起算,并于2018年6月11日届满。

《劳动争议调解仲裁法》第27条第3款规定:"前款规定的仲裁时效,因当事人一方向对方当事人主张权利,或者向有关部门请求权利救济,或者对方当事人同意履行义务而中断。从中断时起,仲裁时效期间重新计算。"第4款规定:"因不可抗力或者有其他正当理由,当事人不能在本条第一款规定的仲裁时效期间申请仲裁的,仲裁时效中止。从中止时效的原因消除之日起,仲裁时效期间继续计算。"现刘某主张业务提成未过仲裁时效,应举证证明存在上述时效中断或中止的情形。而根据现有证据可知,双方同意"黄江李生"的工程款由某工程设计公司转让给刘某收取,该行为可以视为某工程设计公司同意向刘某履行支付业务提成的义务。但对于债权转让时间,刘某主张为2018年,不能明确具体的日期,也无相应证据,故不足以证明债权转让发生在原仲裁时效届满前,因此不能认定构成仲裁时效中断。至于刘某提交的其与某工程设计公司副总经理"许宝传"的微信聊天记录,即使属实,因语音和图片已经丢失,而文字部分仅能反映出刘某于 2019 年 1 月 11 日主张权利,此时原仲裁时效已过,亦不能产生时效中断的法律后果。综上,刘某于 2019 年 5 月 8 日申请仲裁时,10241 元业务提成已过仲裁时效。

对于刘某向"黄江李生"收取的 6000 元工程款,应折抵某工程设计公司所欠刘某的债务。虽然人民法院认定 10241 元业务提成已过仲裁时效,刘某丧失胜诉权,但该债务并不因此而消灭,而是转化为自然债务,在某工程设计公司自愿履行的情况下,某工程设计公司不可要求返还其已支付的款项。故此,应认定 6000 元工程款应折抵 10241 元业务提成。剩余 4241 元业务提成因已过仲裁时效,故人民法院不予支持。对于 15000 元押金,未过仲裁时效,刘某要求某工程设计公司予以支付,人民法院予以支持。刘某要求某工程设计公司支付业务提成及押金的利息,缺乏法律依据及合同依据,不予支持。

【核心法条链接】

《中华人民共和国劳动争议调解仲裁法》

第二十七条 劳动争议申请仲裁的时效期间为一年。仲裁时效期间从当事人知道或者应当知道其权利被侵害之日起计算。

前款规定的仲裁时效,因当事人一方向对方当事人主张权利,或者向有关部门请求权利救济,或者对方当事人同意履行义务而中断。从中断时起,仲裁时效期间重新计算。

因不可抗力或者有其他正当理由,当事人不能在本条第一款规定的仲裁时效期间申请仲裁的,仲裁时效中止。从中止时效的原因消除之日起,仲裁时效期间继续计算。

劳动关系存续期间因拖欠劳动报酬发生争议的,劳动者申请仲裁不受本条第一款规定的仲裁时效期间的限制;但是,劳动关系终止的,应当自劳动关系终止之日起一年内提出。

【实务操作建议】

由于用人单位的疏忽,导致用人单位在劳动仲裁阶段并未就劳动仲裁时效问题提出异议。于是用人单位在诉讼阶段提出时效抗辩。但是《劳动争议调解仲裁法》规定的是劳动仲裁的时效问题,而非诉讼时效问题。用人单位如果在劳动仲裁阶段并未提出时效抗辩,其在诉讼阶段提出的时效抗辩其实已经不能再产生相应的法律效力。已过仲裁时效丧失胜诉权,但是转化为自然债务,在用人单位自愿履行的情况下,用人单位不可主张返还。

（撰稿人：黄晨雨）

二十四、个人独资企业工伤赔偿责任的承担问题

【案情介绍】①

　　魏某于2012年2月入职某个人独资企业工作,担任锣机工作岗位。麦某是该企业的投资人,魏某已和该企业签订劳动合同。2017年9月20日,魏某在工作中发生受伤事故。魏某于2017年9月20日至10月18日在东莞市某医院住院治疗28天。2018年7月13日,经某劳动能力鉴定委员会复查鉴定达到伤残等级六级、未达护理等级。

　　因魏某曾签订"暂不办理社会保险"的说明,其中载明:由于不愿参加社会养老保险,暂不办理社会养老保险,如因此产生任何法律纠纷,一概与厂方无关;落款处签有"魏某"及捺印,并书写日期"2013年4月3日"。故该企业未为麦某参加工伤保险。

　　魏某为维护自身合法权益,将某个人独资企业及投资人麦某诉至仲裁委,请求支付工伤的各项费用等。后魏某认为仲裁委在计算其月平均工资时没有剔除非全勤月的工资,对工资结构认识错误,又将企业及投资人麦某诉至人民法院,要求支付因工伤产生的各项费用。

【处理结果】

　　仲裁委裁决确认双方当事人解除劳动关系,企业和投资人应共同承担劳动者的一次性伤残补助金、一次性工伤医疗补助金、一次性伤残就业补助金、治疗费、鉴定费、补助费、护理费等各项费用。

【争议焦点】

　　个人独资企业劳动者的工伤赔偿责任应如何分配?本案中用人单位没

---

①　案例来源:中国裁判文书网,(2018)粤1971民初32174号、(2019)粤19民终5786号。

有为劳动者办理工伤保险,并提供有劳动者签名的"暂不办理社会保险"的证明,用人单位是否还须承担涉及社会保险的法律责任?

【案例评析】

本案涉及个人独资企业的工伤赔偿责任的承担问题及劳动者签订的"不办理社会保险"证明的效力问题。

1. 个人独资企业的工伤赔偿责任承担

就我国立法而言,我国法律未规定可设立无限责任公司。在法律上承担无限责任的主体有个体工商户和个人合伙企业。根据《个人独资企业法》第2条的规定,个人独资企业是在中国境内设立的,由一个自然人投资,财产为投资人所有,投资人以其个人财产对企业债务承担无限责任的经营实体。而个人独资企业的民事责任,就是指该企业对外所欠债务,投资人以其个人财产承担无限清偿责任。仅在企业设立登记时明确以其家庭共有财产作为个人出资的,才依法以家庭共有财产对企业债务承担无限责任。作为一个自然人企业,投资者对于企业的经营风险负无限连带责任,即个人独资企业的债权人在其债权得不到清偿时,有权要求投资人以其个人财产偿还个人独资企业所欠债务,而不仅以个人独资企业的财产或投资人对企业的出资额为限。[①] 区别于企业法人,企业法人具有独立的法人人格,财产独立、名义独立、责任独立,工伤赔偿责任的主体是企业法人,投资人的变更不影响责任承担,仅非经法定程序宣告破产才由投资人承担责任。

个人独资企业的行为纯属投资人个人的经营管理行为。投资人可以自行管理企业事务,也可以委托或者聘用其他具有民事行为能力的人负责企业的事务管理。而企业法人(有限责任公司)的行为属于企业集体经营管理行为。个人独资企业的单独经营管理行为具有随意性,缺少约束性。另外,个人独资企业的所有人在使用和处理该企业的财产上,有完全的隐蔽性和不公开性,不像法人企业那样拥有严格的财务会计报告制度和公司收益分配制度,在财产上做到公开透明,有股东会、董事会、监事会等的相互监督机制。本案中的用人单位属于个人独资企业,应由投资人和用人单位共同承担工伤赔偿责任。因此,企业及投资人麦某共同承担魏某的工伤赔偿费用。

---

① 施正文:《我国〈个人独资企业法〉实施中的若干问题》,载《当代法学》2001年第2期。

2. 劳动者签订"不办理社会保险"证明的效力

《个人独资企业法》第 23 条规定，个人独资企业应当按照国家规定参加社会保险，为职工缴纳社会保险费。根据法律规定，缴交社会保险是用人单位的法定义务，不因劳动者和用人单位的协商免除而解除。劳动者违反自身真实意愿被迫签订的"不办理社会保险"的证明不具有法律效力，不能免除用人单位缴纳社会保险的责任。

本案中，劳动者在工作中所受伤害属于工伤，经医疗终结被评定伤残级别后，有享受工伤待遇的权利。劳动者虽然在证明上签字，但是仅表示由于不愿参加社会养老保险，暂不办理社会养老保险，但并没有表示不愿参加工伤保险或者不办理工伤保险。因此，本案的用人单位应承担法律规定的工伤保险费用。又由于该企业属于个人独资企业，企业和投资人对工伤赔偿费用共同承担责任。

【核心法条链接】

《中华人民共和国个人独资企业法》

第二条　本法所称个人独资企业，是指依照本法在中国境内设立，由一个自然人投资，财产为投资人个人所有，投资人以其个人财产对企业债务承担无限责任的经营实体。

第二十三条　个人独资企业应当按照国家规定参加社会保险，为职工缴纳社会保险费。

第三十一条　个人独资企业财产不足以清偿债务的，投资人应当以其个人的其他财产予以清偿。

《工伤保险条例》

第三十六条　职工因工致残被鉴定为五级、六级伤残的，享受以下待遇：

（一）从工伤保险基金按伤残等级支付一次性伤残补助金，标准为：五级伤残为 18 个月的本人工资，六级伤残为 16 个月的本人工资；

（二）保留与用人单位的劳动关系，由用人单位安排适当工作。难以安排工作的，由用人单位按月发给伤残津贴，标准为：五级伤残为本人工资的 70%，六级伤残为本人工资的 60%，并由用人单位按照规定为其缴纳应缴纳的各项社会保险费。伤残津贴实际金额低于当地最低工资标准的，由用人单位补足差额。

经工伤职工本人提出，该职工可以与用人单位解除或者终止劳动关系，由工伤保险基金支付一次性工伤医疗补助金，由用人单位支付一次性伤残就业补助金。一次性工伤医疗补助金和一次性伤残就业补助金的具体标准由省、自治区、直辖市人民政府规定。

【实务操作建议】

个人独资企业作为用人单位，没有独立的法人资格，其投资人以其全部财产对企业债务承担无限责任。作为劳动关系的一方当事人，个人独资企业需依法招用职工，维护职工的合法权益。用人单位在聘用职工时，应与职工签订劳动合同，为其办理社会保险等。因投资人可以自行管理企业事务，享有较大的经营管理权，也因此需承担更多责任。对于个人独资企业的债务，由企业财产优先清偿，财产不足以清偿债务的，投资人应当以其个人的其他财产进行清偿。

如果用人单位未履行法定义务，如未签订劳动合同、未办理工伤保险等，劳动者可以按照《劳动合同法》要求用人单位支付二倍工资差额、承担工伤赔偿责任等，从而维护劳动者的合法权益。因个人独资企业的投资人承担无限责任这一特殊性，劳动者在维护自身权益时可以基于《个人独资企业法》第 2 条的规定，主张企业及其投资人对企业债务共同承担责任。

（撰稿人：盛蕙婷）

二十五、没有建立工会，解除 劳动关系是否应当通知工会

【案情介绍】①

吴某是某公司的销售经理，2012 年 8 月 20 日入职该公司。某公司于 2018 年 7 月 31 日解除了与吴某的劳动合同。吴某认为某公司解除与吴某的劳动关系未事先通知工会，法律依据混乱，属于违法解除。吴某于 2018 年 10 月 18 日向广州市开发区劳动人事争议仲裁委员会申请仲裁。2019 年 2 月 12 日，该仲裁委员会作出穗开劳人仲案〔2018〕1193 号《仲裁裁决书》裁决：(1)某公司于本裁决书生效之日起五日内支付吴某 2018 年 1 月至 7 月间销售提成［销售激励计划(SIP)奖金］162022.51 元；(2)某公司于本裁决书生效之日起五日内支付吴某违法解除劳动关系的赔偿金 388290.56 元；(3)驳回吴某其他仲裁请求。某公司不服仲裁裁决，认为其解除与吴某的劳动合同合法有效，无须向吴某支付违法解除的赔偿金，故诉至法院。

【处理结果】

1. 原告某公司支付被告吴某 2018 年 4 月至 6 月间销售提成［销售激励计划(SIP)奖金］78811.99 元；
2. 原告某公司支付被告吴某违法解除劳动关系的赔偿金 295848 元。

【争议焦点】

没有建工会的用人单位在解除劳动关系前是否应通知所在地工会？因用人单位作出的开除、除名、辞退、解除劳动合同、减少劳动报酬、计算劳动者工作年限等决定而发生的劳动争议而产生的证明责任由谁承担？

---

① 案例来源：中国裁判文书网，(2019)粤 0112 民初 1854 号。

【案例评析】

《劳动合同法》第43条规定,用人单位单方解除劳动合同,应当事先将理由通知工会。用人单位违反法律、行政法规定或者劳动合同约定的,工会有权要求用人单位纠正。用人单位应当研究工会的意见,并将处理结果书面通知工会。根据该规定,用人单位单方解除劳动合同第一步是在作出单方解除劳动合同决定之前就将解除理由通知工会,而不是在作出单方解除劳动合同决定时将事由一并通知;第二步是根据工会的意见作出单方解除劳动合同的决定。《工会法》第21条规定,企业、事业单位处分职工,工会认为不适当的,有权提出意见。企业单方面解除职工劳动合同时,应当事先将理由通知工会,工会认为企业违反法律、法规和有关合同,要求重新研究处理时,企业应当研究工会的意见,并将处理结果书面通知工会。《最高人民法院关于审理劳动争议案件适用法律若干问题的解释(一)》第47条规定:"建立了工会组织的用人单位解除劳动合同符合劳动合同法第三十九条、第四十条规定,但未按照劳动合同法第四十三条规定事先通知工会,劳动者以用人单位违法解除劳动合同为由请求用人单位支付赔偿金的,人民法院应予支持,但起诉前用人单位已经补正有关程序的除外。"

在该案件中,用人单位没有建立工会,解除劳动合同就没有通知工会,属于程序明显违法,损害了吴某的合法权益。劳动者一方一般主张应当通知工会,理由是:(1)《劳动合同法》和《工会法》都规定了用人单位单方解除劳动关系应当通知工会,并没有将未建立工会组织的企业排除在外。(2)建立工会组织是用人单位的义务。(3)用人单位有能力也可以通知上级工会,这样才能达到保护劳动者权益的目的。(4)如果未建立工会的企业需要通知工会而未建立工会的企业则没有这项义务,对于建立工会的企业也不公平。

《最高人民法院关于审理劳动争议案件适用法律若干问题的解释(一)》第44条的规定,因用人单位作出的开除、除名、辞退、解除劳动合同、减少劳动报酬、计算劳动者工作年限等决定而发生的劳动争议,用人单位负举证责任。本案中,用人单位没有提供证据证明其与劳动者解除劳动关系的理由,法院对此项诉讼请求不予支持。

【核心法条链接】

《中华人民共和国劳动合同法》

第四十三条　用人单位单方解除劳动合同,应当事先将理由通知工会。用人单位违反法律、行政法规规定或者劳动合同约定的,工会有权要求用人单位纠正。用人单位应当研究工会的意见,并将处理结果书面通知工会。

《中华人民共和国工会法》

第二十一条　企业、事业单位处分职工,工会认为不适当的,有权提出意见。

企业单方面解除职工劳动合同时,应当事先将理由通知工会,工会认为企业违反法律、法规和有关合同,要求重新研究处理时,企业应当研究工会的意见,并将处理结果书面通知工会。

《最高人民法院关于审理劳动争议案件适用法律若干问题的解释(一)》

第四十七条　建立了工会组织的用人单位解除劳动合同符合劳动合同法第三十九条、第四十条规定,但未按照劳动合同法第四十三条规定事先通知工会,劳动者以用人单位违法解除劳动合同为由请求用人单位支付赔偿金的,人民法院应予支持,但起诉前用人单位已经补正有关程序的除外。

第四十四条　因用人单位作出的开除、除名、辞退、解除劳动合同、减少劳动报酬、计算劳动者工作年限等决定而发生的劳动争议,用人单位负举证责任。

【实务操作建议】

建议完善立法,在单位未建立工会的情况下,解除劳动关系以通知上级工会为前置程序。《劳动合同法》规定,工会对用人单位的不当解雇行为享有纠正建议权,这是为了更充分地保障劳动者的权益。用人单位作为经济社会中的"理性人",需要自主经营,自负盈亏,想要与存在过错的劳动者依法解除劳动关系,最大限度地降低法律风险,离不开对程序和实体两方面细致入微的把握。

一方面,用人单位尤其应当注重解除劳动合同的程序,包括发挥工会在此过程中的应有作用,经过民主程序给予劳动者对自身权利的救济机会,听取其陈述申辩,在送达解除通知的细节上,穷尽各种送达方式并保留证据,明确劳动者已收悉;另一方面,用人单位应当从源头上建立完善的规章制度,并且要确保内部制度也是经过民主评议和表决程序的。在现代企业管理中,如果因为解除劳动关系程序不合法或企业自身的制度不完善而造成违法解除,企业在员工群体中的形象是大打折扣的,所以中小企业要注重解除劳动关系的程序和实体两方面问题,这对于企业管理秩序稳定和权威的维护具有重大意义。

(撰稿人:黄晨雨)

二十六、业绩提成、课时费等诉讼请求的举证责任承担问题

【案情介绍】①

蔡某是某教育科技公司的一名员工,担任学管主管的岗位。双方于2017年11月10日签订一份一年期限的劳动合同。2018年12月11日16时蔡某在微信上向该公司的法定代表人王某某发送《离职申请》,该法定代表人表示同意与蔡某解除劳动合同。由于双方因工资支付、业绩提成以及课时费问题发生争议,蔡某于2018年12月13日申请劳动仲裁,经仲裁裁决后,蔡某不服裁决结果,决定将某教育科技公司诉至广东省深圳市龙岗区人民法院,请求某教育科技公司支付应得的劳动工资、业绩提成以及课时费和经济补偿金。

【处理结果】

某教育科技公司于本判决生效的5日内支付原告蔡某2018年11月1日至12月11日期间正常工作时间工资8671.82元,驳回蔡某其他诉讼请求。

【争议焦点】

业绩提成、课时费等诉讼请求的举证责任问题由谁来承担?

【案例评析】

根据《劳动合同法》第30条第1款的规定,“用人单位应当按照劳动合

---

① 案例来源:中国裁判文书网,(2020)粤0307民初30595号、(2019)粤0307民初6231号。

同约定和国家规定,向劳动者及时足额支付劳动报酬"。在该案中,经计算蔡某的劳动工资,某教育科技公司应当支付蔡某 2018 年 11 月 1 日至 12 月 11 日期间正常工作时间内的工资 8671.82 元。

根据《民事诉讼法》第 64 条的规定,"当事人对自己提出的主张,有责任提供证据。当事人及其诉讼代理人因客观原因不能自行收集的证据,或者人民法院认为审理案件需要的证据,人民法院应当调查收集"。人民法院应当按照法定程序,全面地、客观地审查核实证据。在该案中,蔡某主张某教育科技公司应当支付业绩提成 2004.64 元,蔡某提交了其自行制作的《工资发放统计表》《未发工资统计表》以及中国建设银行个人账户收入交易明细等证据,但经过法院查证,事实与蔡某的主张不符,故不采信蔡某的主张。蔡某主张课时费 279.6 元且提交了《学生课时签到表》《学生课时记录表》,但蔡某既无法证明表格的来源,又没有证据证明双方存在课时费的约定,故不支持蔡某的主张。

对于是否存在提成工资项目,根据"当事人对自己提出的主张有责任提供证据"的基本规则,由劳动者承担举证责任。如果劳动者未提交证据证明存在提成工资的事实,可能事实上就不存在提成工资项目,用人单位很难对不存在的事实进行举证证明。本案就是基于这种考虑法院作出裁判。但是,对于仲裁机构与法院也不能一概而论,不应机械地将举证责任全部加于劳动者一方。《劳动争议调解仲裁法》第 6 条规定:"发生劳动争议,当事人对自己提出的主张,有责任提供证据。与争议事项有关的证据属于用人单位掌握管理的,用人单位应当提供;用人单位不提供的,应当承担不利后果。"根据这一规定,在确定这些具体参数时,法院还应当考虑双方当事人的举证能力,即由距离争议内容较近的一方,也就是更容易取得证据的一方承担某一参数的具体举证责任。

【核心法条链接】

《中华人民共和国民事诉讼法》

第六十七条　当事人对自己提出的主张,有责任提供证据。

当事人及其诉讼代理人因客观原因不能自行收集的证据,或者人民法院认为审理案件需要的证据,人民法院应当调查收集。

人民法院应当按照法定程序,全面地、客观地审查核实证据。

第一百四十七条　被告经传票传唤,无正当理由拒不到庭的,或者未经法庭许可中途退庭的,可以缺席判决。

《中华人民共和国劳动争议调解仲裁法》

第六条 发生劳动争议,当事人对自己提出的主张,有责任提供证据。与争议事项有关的证据属于用人单位掌握管理的,用人单位应当提供;用人单位不提供的,应当承担不利后果。

《最高人民法院关于审理劳动争议案件适用法律若干问题的解释(一)》

第四十四条 因用人单位作出的开除、除名、辞退、解除劳动合同、减少劳动报酬、计算劳动者工作年限等决定而发生的劳动争议,用人单位负举证责任。

《最高人民法院关于民事诉讼证据的若干规定》

第八十五条 人民法院应当以证据能够证明的案件事实为根据依法作出裁判。

审判人员应当依照法定程序,全面、客观地审核证据,依据法律的规定,遵循法官职业道德,运用逻辑推理和日常生活经验,对证据有无证明力和证明力大小独立进行判断,并公开判断的理由和结果。

【实务操作建议】

当用人单位和劳动者对于工资、业绩提成等费用都有不同的主张时,应当由双方当事人来举证并承担举证责任。当事人双方应及时提交有力的证据证明自己的主张来维护权益。用人单位应签订协议,明确提成工资支付的条件。在实践中,很多用人单位虽发放绩效工资,但不与劳动者明确约定绩效工资、提成工资的计发标准及支付时间,企业认为这样就能掌握主动权,但双方就此发生劳动争议纠纷,在举证责任分配规则中,对未及时足额支付劳动报酬的,用人单位应当负举证责任。如果单位无法证明绩效、提成的支付标准和支付条件、支付方式等,就要承担不利后果。

(撰稿人:刘 蕊)

第三编　离职管理

一、应当及时办理劳动关系解除后的有关手续

【案情介绍】①

何某 3 从 2008 年 10 月起就在广东省华海糖业发展有限公司(以下称华海公司)十九队从事耕种甘蔗、茶青工作,2011 年 5 月 1 日与华海公司签订劳动合同,劳动期限为 2011 年 5 月 1 日至 2016 年 4 月 30 日。何某 3 于 2012 年 1 月 20 日申请劳动调整。2012 年 1 月 22 日,华海公司作出"同意解除合同的意见",但未向何某 3 出具解除劳动合同的书面证明,没有办理档案和生活保险关系转移手续,也没有告知何某 3 办理档案和社会保险关系转移手续。何某 3 从 2012 年 3 月至 2015 年 10 月一直在华海公司劳动,2015 年 10 月 30 日在劳动中死亡。因华海公司未缴纳何某 3 的社保费,何某 3 受伤住院产生的医疗费,社保不报销,后公司出具证明是该公司的职工,医疗单位才报销部分。

(2018)粤 08 再 16 号民事判决认定 2008 年 10 月至 2012 年 3 月何某 3 与华海公司存在劳动关系,2012 年 3 月解除劳动合同。公司违法解除劳动合同未依法办理相关手续,造成吴某某的损失为死亡赔偿金 819500 元(40975 元×20 年)、安葬费 20063 元(42326 元÷12×6)、被抚养人唐某某抚养费 52800 元(13200 元×16÷4)、被扶养人何某 1 抚养费 60396 元(30198 元×4÷2)、被抚养人何某 2 抚养费 135891 元(30198 元×9÷2),共计 1089750 元。

---

① 案例来源:中国裁判文书网,(2019)粤 0825 民初 584 号、(2020)粤 08 民终 74 号。

（2018）粤 08 再 16 号民事判决书，证明 2008 年 10 月至 2012 年 3 月何某 3 与华海公司存在劳动关系，华海公司于 2012 年 1 月 22 日与何某 3 解除劳动合同时未向何某 3 出具解除劳动合同书面证明，也没有给何某 3 办理社会保险档案转移手续。

华海公司答辩称，华海公司与何某 3 于 2012 年 3 月解除劳动合同关系，已经生效法律判决认定。何某 3 于 2015 年 10 月死于交通事故，华海公司非侵权人，何某 3 的死亡与华海公司没有关系。何某 3 在劳动合同解除后没有提供社保转移手续的单位并要求办理转移手续，公司无法为其办理社保转移手续。何某 3 的死亡与公司是否办理社保转移手续也没有因果关系。何某 3 的近亲属吴某某依劳动合同法要求公司赔偿，应先提起劳动仲裁而非直接向法院起诉。此外，吴某某的起诉已过诉讼时效，其诉讼请求没有法律依据，请求予以驳回。

经审理查明，华海公司是一家以生产、加工、销售农产品为主的国有企业。该公司根据经全体职工代表大会通过而制定的各年度经营管理实施方案，采取以工效挂钩，工资加效益报酬为主的，多种分配办法相结合的内容分配体制进行企业经营管理，其职工主要通过家庭农场承包岗位的方式进行生产工作获取收入。何某 3 从 2008 年 10 月起在公司的海鸥分公司十九队从事耕种甘蔗、茶青工作。2011 年 5 月 1 日，公司与何某 3 签订劳动合同，劳动期限为 2011 年 5 月 1 日至 2016 年 4 月 30 日。2012 年 1 月 20 日，何某 3 因故向公司的海鸥分公司十九队提出退岗申请书。同日，海鸥分公司十九队的负责人林某某，在申请书上签名并备注"情况属实，同意何某 3 本人申请退岗一个，并报停缴交社保费"。在公司的《离岗（离职）人员申报表》上，海鸥分公司于 2012 年 1 月 22 日作出"同意解除合同"的意见，华海公司作出"同意解除合同"的意见但未向何某 3 的出具解除劳动合同的证明。公司从 2012 年 4 月起停缴何某 3 的社会保险费。2015 年 10 月 30 日，何某 3 被牛车压伤经抢救无效死亡。吴某某作为何某 3 的近亲属请求工伤保险待遇，遭到公司拒绝后，吴某某、刘某遂于 2015 年 12 月 28 日申请徐闻县劳动和社会保障局认定何某 3 构成工伤，该局以应先确认存在劳动关系为由终止审理。吴某某、刘某而后于 2016 年 2 月 24 日向徐闻县仲裁委提出仲裁申请，徐闻县仲裁委裁决确认何某 3 与华海公司从 2008 年 10 月至 2015 年 4 月 7 日期间存在劳动关系。

吴某某不服仲裁裁决，于 2016 年 4 月 21 日诉至法院，请求确认何某 3

与华海公司从 2008 年 10 月至 2015 年 10 月期间存在事实上的劳动关系，并认定何某 3 为工伤，赔偿吴某某有关何某 3 医疗费、安葬费、伤亡补助金、抚恤金等共计 671128.64 元。法院作出民事判决，确认何某 3 与公司于 2008 年 10 月起至 2015 年 10 月期间存在劳动关系。公司不服该判决提起上诉，湛江市中级人民法院作出民事判决：(1)撤销广东省徐闻县人民法院民事判决；(2)确认何某 3 和广东省华海糖业发展有限公司在 2008 年 10 月至 2012 年 3 月存在劳动关系；(3)驳回吴某某的其他诉讼请求。吴某某不服二审判决，向广东省检察院申诉，广东省检察院作出民事抗诉书，向广东省高级人民法院提出抗诉。广东省高级人民法院作出民事裁定书，指令湛江市中级人民法院再审。湛江市中级人民法院经再审，作出民事判决：维持民事判决。吴某某根据该判决的释明，依据《劳动合同法》第 50 条、第 89 条的规定，以劳动合同纠纷案由向法院提起本案诉讼，要求公司赔偿何某 3 死亡所造成的死亡赔偿费、安葬费、被抚养人生活费等。

法院认为，吴某某根据《劳动合同法》第 50 条、第 89 条的规定，要求公司赔偿其亲属何某 3 死亡无法享受社会保险待遇造成损失，为主张公司承担未履行解除劳动合同后合同义务的赔偿责任，是基于劳动关系引起的纠纷，故本案的案由应为劳动争议纠纷，而非民事侵权的生命权纠纷，对原立案案由予以纠正。本案的争议焦点为：(1)何某 3 死亡后未能享受工伤保险待遇与公司未履行劳动合同后合同义务是否有因果关系；(2)公司死亡是否需经工伤认定作为前置程序；(3)吴某某的起诉是否已过诉讼时效。

《劳动合同法》第 50 条、第 89 条规定，用人单位应当在解除或者终止劳动合同时出具解除或者终止劳动合同的证明，并在 15 日内为劳动者办理档案和社会保险关系转移手续，未向劳动者出具解除或者终止劳动合同的书面证明，给劳动者造成损害的，应当承担赔偿责任。公司在 2012 年 1 月 22 日与何某 3 解除合同后，未向何某 3 出具解除或者终止劳动合同的书面证明，如造成损失的，应承担相应的损害赔偿责任。2015 年 10 月 30 日，何某 3 被牛车压伤经抢救无效死亡。吴某某认为何某 3 构成工伤但无法享受有关社会保险待遇主张权利，但享受此类社会保险待遇的前提是必须经过劳动保障行政部门的前置程序认定或经用人单位认可为工伤。由于何某 3 死亡尚未经社会劳动保障部门作出工伤认定，公司也不认可何某 3 构成工伤，法院无法认定何某 3 死亡构成工伤，吴某某从而可以享受何某 3 死亡后的社会保险待遇，即无证据证明公司不出具解除或终止劳动合同的书面证明与何某 3 死亡构成工伤致吴某某无法享受社会保险待遇造成的损失后果之间有因果关系。吴某某未能举证何某 3 死亡构成工伤,其应享受相应的社会保险待遇,根据《民事诉讼法》第 64 条的规定应承担举证不能的法律后果,故对吴某某要求公司赔偿何某 3 死亡后的死亡赔偿费、丧葬费、被扶养人的抚养费等共计 1089750 元的损失,没有事实依据,法院不予支持。

《劳动合同法》第 46 条第 2 款规定,用人单位依照本法第 36 条规定向劳动者提出解除劳动合同并与劳动者协商一致解除劳动合同的,应当向劳动者支付经济补偿。公司与何某 3 的劳动合同之所以解除,是在何某 3 提出退岗申请后公司依据其《经营管理实施方案》所作出的,应视为公司向何某 3 提出解除合同,应按《劳动合同法》第 47 条的规定支付何某 3 的经济补偿金。何某 3 从 2008 年 10 月至 2012 年 2 月在公司处工作的年限为 3 年 4 个月,公司应按其工作年限和解除劳动合同前 12 个月的月缴费工资标准 1682 元支付何某 33.5 个月的经济补偿金 5887 元。

根据《民法通则》第 135 条、第 137 条规定,请求保护民事权利的诉讼时效期间为两年,从知道或者应当知道权利被侵害时起计算。何某 3 在 2012 年 1 月向公司提出退岗申请后,公司于 2012 年 2 月解除双方的劳动合同并于同年 4 月停止扣缴何某 3 的社会保险费,何某 3 应当从 2012 年 5 月 1 日起知道公司解除劳动合同和未履行后合同义务不出具解除或终止劳动合同证明书会给其带来损害,其民事权利受法律保护的时效期间至 2014 年 4 月 30 日止。而何某 3 于 2015 年 10 月 30 日死亡,其近亲属吴某某才开始向公司主张权利,已逾两年的诉讼时效期间,故对何某 3 及其近亲属的吴某某基于与公司劳动关系产生的相关民事权利不再受法律保护,对吴某某相关的诉讼请求,法院不予支持,应予以驳回。公司的时效抗辩有理,法院予以采纳。

【处理结果】

法院认为吴某某没有证据证明何某 3 构成工伤,公司不需支付死亡赔偿费、丧葬费等,只需支付经济补偿金,但是因为已过诉讼时效,故驳回了吴某某的所有诉讼请求。

【争议焦点】

(1)何某3死亡后未能享受工伤保险待遇与公司未履行劳动合同后合同义务是否有因果关系;

(2)公司死亡是否需经工伤认定作为前置程序;

(3)吴某某的起诉是否已过诉讼时效。

【案例评析】

《劳动合同法》第89条规定:"用人单位违反本法规定未向劳动者出具解除或者终止劳动合同的书面证明,由劳动行政部门责令改正;给劳动者造成损害的,应当承担赔偿责任。"

在本案中,用人单位作出"同意解除合同的意见"后,未向何某3出具解除劳动合同的书面证明,没有办理档案和生活保险关系转移手续,没有告知何某3办理档案和社会保险关系转移手续。这种行为违反了劳动合同的后合同义务,虽然用人单位和劳动者解除了劳动合同,但劳动合同作为合同的一种,在合同履行前后,也应该遵守诚实信用原则。即使合同消灭,原合同当事人仍应负有后合同义务,以达到维护合同的给付效果,以及协助对方当事人处理合同善后的相关事务的目的。[①] 如果用人单位有违反后合同义务的行为,并且给劳动者造成了损害,并且损害事实与违反先合同义务有因果关系,且用人单位在主观上有过错,那么用人单位就要承担相应的损害赔偿责任。而损害赔偿应当以赔偿当事人实际遭受的全部损害为原则。[②] 在本案中,何某3未能享受工伤保险待遇是因为法院认定在其受伤时间点,何某3与公司并不存在劳动关系,自然就不能认定为工伤。

《社会保险法》第36条规定:"职工因工作原因受到事故伤害或患职业病,且经工伤认定的,享受工伤保险待遇。"劳动者要是想获得工伤保险待遇,必须先进行工伤认定。而工伤认定根据《工伤保险条例》第17条的规定,由用人单位向统筹地区社会保险行政部门提出工伤认定申请,如果用人单位未提出,工伤职工或者其直系亲属、工会组织也可以在事故伤害发生之

---

① 汪渊智:《我国民法分则(草案)合同编总则部分的修改建议》,载《上海政法学院学报(法治论丛)》2019年第1期。

② 王利明、杨立新等:《民法学》,法律出版社2015年版,第527页。

日或者被诊断、鉴定为职业病之日起 30 日内，直接向劳动保障行政部门提出工伤认定申请。

由于该案发生的时候所适用的是《民法通则》，所以关于诉讼时效的规定引用了《民法通则》第 135 条和第 137 条的规定，请求保护民事权利的诉讼时效期间为两年，从知道或者应当知道权利被侵害时起计算。何某 3 在 2012 年 1 月向公司提出退岗申请后，公司于 2012 年 2 月解除双方的劳动合同并于同年 4 月停止扣缴何某 3 的社会保险费，何某 3 应当从 2012 年 5 月 1 日起知道用人单位解除劳动合同和未履行后合同义务不出具解除或终止劳动合同证明书会给其带来损害，其民事权利受法律保护的时效期间至 2014 年 4 月 30 日止。而何某 3 于 2015 年 10 月 30 日死亡，其近亲属吴某某才开始向用人单位主张权利，已逾两年的诉讼时效期间，故对何某 3 及其近亲属基于何某 3 与公司劳动关系产生的相关民事权利不再受法律保护。

【核心法条链接】

《中华人民共和国劳动合同法》

第五十条　用人单位应当在解除或者终止劳动合同时出具解除或者终止劳动合同的证明，并在 15 日内为劳动者办理档案和社会保险关系转移手续。

劳动者应当按照双方约定，办理工作交接。用人单位依照本法有关规定应当向劳动者支付经济补偿的，在办结工作交接时支付。

用人单位对已经解除或者终止的劳动合同的文本，至少保存二年备查。

第八十九条　用人单位违反本法规定未向劳动者出具解除或者终止劳动合同的书面证明，由劳动行政部门责令改正；给劳动者造成损害的，应当承担赔偿责任。

《中华人民共和国民法通则》

第一百三十五条　向人民法院请求保护民事权利的诉讼时效期间为二年，法律另有规定的除外。

第一百三十七条　诉讼时效期间从知道或者应当知道权利被侵害时起计算。但是，从权利被侵害之日起超过二十年的，人民法院不予保护。有特殊情况的，人民法院可以延长诉讼时效期间。

【实务操作建议】

用人单位应该严格遵守法律规定,遵守后合同义务,在解除或者终止劳动合同时出具解除或者终止劳动合同的证明,并在 15 日内为劳动者办理档案和社会保险关系转移手续。否则,一旦用人单位违反法律规定未向劳动者出具解除或者终止劳动合同的书面证明而给劳动者造成损害的,应当承担赔偿责任。而损害赔偿是以当事人实际遭受的全部损害为原则。无论是现有财产的减少还是可得利益的损失,如果是因为用人单位违反后合同义务造成的,劳动者的这些损失均应得到赔偿。[①] 在本案中,主要是由于劳动者没有被认定为工伤,用人单位才没有承担损害赔偿责任。即便如此,用人单位还是消耗了大量的时间金钱来应付劳动者的起诉,如果在其他情形下,用人单位有着承担巨额赔偿责任的可能。

用人单位在面临与其有劳动关系的劳动者发生事故伤害或者被诊断、鉴定为职业病的,用人单位应该在事故伤害发生之日或者被诊断、鉴定之日起三十日内,向社会保险行政部门提出工伤认定申请。如果有特殊情况,也可以经报社会保险行政部门同意,申请延长时限。但无论是何种情况,用人单位都应及时提出工伤认定申请,否则一旦超出规定的时限,在此期间发生符合《工伤保险条例》规定的工伤待遇等有关费用由该用人单位承担。

(撰稿人:陈雨涵　周湖勇)

---

① 吴雅婷:《论民法典合同编的后合同义务规则》,载《山东科技大学学报(社会科学版)》2020 年第 22 期。

二、加强离职的管理

【案情介绍】①

赵某于 2013 年 9 月 2 日入职某五金公司,担任保安员。双方签订劳动合同,约定了固定劳动期限自 2016 年 12 月 1 日至 2021 年 12 月 31 日。由于保安职业的特殊性,在职期间,公司安排赵某每天工作 12 个小时,除去就餐时间(每餐 1 小时),保安员每天实际工作时长为 10 小时。同时,公司对保安员实行调休、轮休制,确保保安员每周休息一天。公司除支付原告周六加班费、法定节假日加班费外还支付了延长工作时间的保底加班费。

而赵某认为公司长期安排加班,国家法定节假期间也安排自己加班,且自入职时起,公司就违反法律规定,拒不按标准足额支付工资,长期克扣自己的加班工资,其间赵某向公司反映要求依法计算加班工资,但是公司至今仍违法操作进行克扣。故赵某只能被迫以此为由要求解除与公司的劳动合同关系,并要求被告支付克扣的加班工资。

2018 年 12 月 25 日公司发布《关于 2019 年春节放假通知》,通知春节放假自 2019 年 1 月 27 日至 2 月 13 日、2 月 14 日。赵某在工作至 2019 年 1 月 26 日,1 月 27 日至 2 月 13 日期间休春节假期,此后未再回被告处上班。

2019 年 2 月 13 日,赵某称其已在以被告克扣其工资为由向被告口头提出离职,故其后未再上班。针对该主张,原告未提供证据证实。

2019 年 2 月 22 日,公司人力资源部员工向原告赵某发送短信称其已旷工 9 日(2 月 14—22 日),若 2 月 23 日不回公司上班,将按公司考勤相关制度作旷工处理。赵某未予回复,亦未回公司上班。同日,被告以原告旷工超过 9 日为由对原告作出自动离职处理。

2019 年 2 月 21 日,赵某以该公司为被申请人向广州市增城区劳动人

---

① 案例来源:中国裁判文书网,(2019)粤 0118 民初 5884 号。

事争议仲裁委员会(以下简称"仲裁委")申请仲裁,请求裁决公司支付经济补偿金 31171.69 元。仲裁请求被驳回后,赵某于 2019 年 6 月 26 日向广州市增城区人民法院起诉并申请诉前联调。

【处理结果】

法院判决用人单位无须向赵某支付经济补偿金。

【争议焦点】

用人单位行为是否属于未及时足额支付劳动报酬的行为?劳动者不遵循法定的离职程序,用人单位能否以旷工为由与其解除劳动合同?

【案例评析】

《劳动合同法》第 38 条第 1 款第 2 项规定,用人单位未及时足额支付劳动报酬的,劳动者可以解除劳动合同,因此用人单位拖欠工资、克扣工资均可以成为劳动者解除合同的正当原因。赵某认为公司给他安排的工作时长超出国家规定的标准,要求支付加班工资。但我国劳动法规定了延长工时的制度,存在前提、限制和补偿。延长工时应当以"生产经营需要"为前提,但未成年工、怀孕 7 个月以上的女工和哺乳未满周岁婴儿的女工禁止加班加点,对于延长工时的补偿存在补休和支付加班加点工资两种形式。本案中赵某为该用人单位保安,由于其工作性质的特殊性,需要值班的人员可适用延长工作时间这一规范,其次,赵某不属于未成年工、怀孕 7 个月以上的女工和哺乳未满周岁婴儿的女工三种禁止情形,最后用人单位在加班后除支付原告周六加班费、法定节假日加班费外仍支付赵某延长工作时间的保底加班费作为补偿,因此用人单位安排其工作时间 10 小时每天是合法的,赵某也不能主张用人单位克扣其工资,更不能以此为由单方面提出解除劳动合同。

《劳动法》和《劳动合同法》规定了除《劳动法》第 32 条规定的劳动者可以随时通知用人单位解除劳动合同的三种情形外,劳动者单方面解除劳动合同应当满足两个条件:提前 30 日和书面形式。劳动者享有劳动关系的单方解除权,该权利特点有:(1)无须征得用人单位同意;(2)纯粹程序性条件,不附加实体性条件。案件中赵某称其口头提出离职,不满足劳动者解除劳动合同的程序条件,因此该口头表示不产生解除劳动关系的法律效力,并且赵某已严重违反用人单位的劳动纪律和规章制度,因此被告据此解除劳动关系,并无不当。赵某的具体离职日期应当为用人单位依据本单位的规章公布的日期,法院判决用人单位不属于违法解除劳动合同存在事实和法律依据,用人单位也不应当支付经济补偿金。

【核心法条链接】

《中华人民共和国劳动法》

第三十一条 劳动者解除劳动合同,应当提前三十日以书面形式通知用人单位。

第三十二条 有下列情形之一的,劳动者可以随时通知用人单位解除劳动合同:

(一)在试用期内的;

(二)用人单位以暴力、威胁或者非法限制人身自由的手段强迫劳动的;

(三)用人单位未按照劳动合同约定支付劳动报酬或者提供劳动条件的。

《中华人民共和国劳动合同法》

第三十六条 用人单位与劳动者协商一致,可以解除劳动合同。

第三十七条 劳动者提前三十日以书面形式通知用人单位,可以解除劳动合同。劳动者在试用期内提前三日通知用人单位,可以解除劳动合同。

第三十八条 用人单位有下列情形之一的,劳动者可以解除劳动合同:

(一)未按照劳动合同约定提供劳动保护或者劳动条件的;

(二)未及时足额支付劳动报酬的;

(三)未依法为劳动者缴纳社会保险费的;

(四)用人单位的规章制度违反法律、法规的规定,损害劳动者权益的;

(五)因本法第二十六条第一款规定的情形致使劳动合同无效的;

(六)法律、行政法规规定劳动者可以解除劳动合同的其他情形。

用人单位以暴力、威胁或者非法限制人身自由的手段强迫劳动者劳动的,或者用人单位违章指挥、强令冒险作业危及劳动者人身安全的,劳动者可以立即解除劳动合同,不需事先告知用人单位。

第三十九条 劳动者有下列情形之一的,用人单位可以解除劳动合同:

……

（二）严重违反用人单位的规章制度的；

......

第四十三条　用人单位单方解除劳动合同,应当事先将理由通知工会。用人单位违反法律、行政法规规定或者劳动合同约定的,工会有权要求用人单位纠正。用人单位应当研究工会的意见,并将处理结果书面通知工会。

【实务操作建议】

用人单位应当留存证据表明劳动者严重违反用人单位规章制度的"严重"程度,根据我国《劳动合同法》第39条第2款的规定,员工严重违反用人单位的规章制度,或者严重失职,营私舞弊,给用人单位造成重大损害的,用人单位可以与劳动者解除劳动合同,并且无须支付经济补偿金。但用人单位的规章制度要具有有效性,即保证规章制度内容不得违法、需要通过民主形式征集意见、有效送达单位全体员工。因此,用人单位要想合法解除劳动合同应当对上述内容进行举证。

用人单位应当在劳动合同中明确劳动者离职时应当遵循的书面形式和程序,注意程序的合法性、合理性,并留存证据,如劳动者的签名等。此时若劳动者否认在劳动合同上其签名的真实性,却拒绝对其签名申请笔迹鉴定,应自负不利的法律后果,人民法院即认定原告清楚公司的规章制度。那么对于劳动者严重违反劳动纪律和规章制度,用人单位据此解除劳动关系,并无不当。在程序上,用人单位单方解除劳动合同时应当通知工会,本单位没有成立工会的,应当通知所在街道的工会。

（撰稿人：张　璐）

三、竞业禁止协议的实务操作

【案情介绍】①

2004 年 6 月 23 日,刘某入职某公司。2015 年 1 月 15 日,双方签订劳动合同,岗位为生产主管,合同期限至 2017 年 12 月 31 日。合同到期后,双方续签至 2020 年 12 月 31 日,岗位为(高级)生产主管。

基于对商业秘密的保护,2015 年 9 月 7 日公司与刘某等高级管理人员签订了《保密及竞业禁止协议》《利益冲突协议》等,约定刘某在公司工作期间或离职后 2 年内,不得设立与公司有竞争性的经济实体,亦不能拥有与原告业务有竞争性的经济实体中经营、管理、参股、合股等直接或间接的权利。

2018 年 1 月 26 日,刘某以个人原因申请离职并辞去工会主席职务。同日,双方签订《解除劳动关系协议书》,协商一致于 2018 年 1 月 31 日解除劳动关系。2018 年 1 月 19 日,刘某与其他三人成立某投资发展有限公司,同年 3 月 20 日,以该公司的名义投资成立了某精密工业有限公司,该公司的经营范围与刘某原所在用人单位基本相同。

2018 年 1 月 31 日,刘某原单位向刘某支付 18 万元,付款回单显示用途为:经济补偿金。

2018 年 8 月 1 日,刘某原公司以刘某、两位合伙人及其成立的精密工业有限公司侵犯商业秘密为由向人民法院提起民事诉讼。2019 年 1 月 8 日,公司与刘某达成《和解协议书》,其中第 3 条约定该精密工业有限公司在协议签订后 3 个月内自行完成公司注销,随后原告向法院申请撤诉。

2019 年 1 月 23 日,刘某原公司向劳动人事争议仲裁委员会申请仲裁。

2019 年 3 月 15 日,仲裁委员会作出《仲裁裁决书》,刘某原公司向中级人民法院申请撤销该仲裁裁决。

---

① 案例来源:中国裁判文书网,(2019)粤 0404 民初 2554 号。

2019 年 6 月 26 日,中级人民法院作出《民事裁定书》,裁定撤销上述仲裁裁决,刘某原单位向人民法院提起诉讼,请求刘某向原告返还人民币 18 万元。

【处理结果】

人民法院判决刘某不应当返还人民币 18 万元,但存在违反竞业限制义务的行为。

【争议焦点】

案件中刘某的间接投资行为是否违反保密义务和竞业限制义务?用人单位在与劳动者签订竞业限制协议时应当注意哪些条件?

【案例评析】

《劳动合同法》第 23 条规定了竞业限制的内容,"用人单位与劳动者可以在劳动合同中约定保守用人单位的商业秘密和与知识产权相关的保密事项。对负有保密义务的劳动者,用人单位可以在劳动合同或者保密协议中与劳动者约定竞业限制条款"。由此可见,竞业限制也成为劳动合同法下为数不多的用人单位能够与劳动者约定违约金的重要制度之一。在竞业限制制度中,有约定的按约定,没有约定的依照《最高人民法院关于审理劳动争议案件适用法律若干问题的解释(一)》中关于竞业限制的相关规定履行当事人的义务。本案中刘某与用人单位签订劳动合同时签订了《保密及竞业禁止协议》《利益冲突协议》等,约定了竞业限制的期限和范围,以及劳动者不履行竞业限制义务时用人单位会追究劳动者的违约责任。因此,当刘某以间接投资的方式成立与原用人单位业务有竞争性的经济实体公司,明显违反了竞业限制条款的规定。用人单位对该事实负有举证责任,单位若能证明竞业禁止协议的存在以及刘某的间接投资行为,即可认定刘某存在违反竞业限制义务的行为。

关于竞业限制期间劳动者经济补偿金的支付方式,根据《劳动合同法》第 23 条的规定,"并约定在解除或者终止劳动合同后,在竞业限制期限内按月给付劳动者经济补偿",该项内容属于授权性规范,用人单位可以与劳动者约定给付经济补偿金的方式。本案中,当事人签订的《解除劳动关系协议书》第 3 条约定:"双方共同确认:本协议签订之日,双方已结清所有关于经济补偿金、借款、工资、津贴、补助、加班费、奖金等债权债务。"故双方在关于竞业限制的经济补偿金为一次性支付的内容上达成一致,可以一次结清。

关于用人单位要求劳动者返还经济补偿金的请求,劳动者在出现违反竞业限制义务的情形时,依照合同约定应当向用人单位支付违约金,若给用人单位造成损失的,劳动者应当承担赔偿责任。本案中,双方在《保密及竞业禁止协议》中约定了竞业限制期限,但未约定劳动者违反竞业限制约定时,应当向用人单位支付违约金金额。而双方签订的《解除劳动关系协议书》第4条约定:刘某不得利用在用人单位处获得的商业秘密从事有损原告名誉或利益的行为,同时不得散播或传播对原告不利的信息,不得做有可能影响原告员工与原告之间正常劳动关系的任何行为。并未明确包含竞业限制义务,原告主张该约定是包含保密、竞业限制两方面的内容。另外,根据用人单位向刘某支付18万元的付款回单中虽显示用途为经济补偿金,但也包含对被告的其他补偿、补助费用,未能对竞业限制期限内经济补偿金金额明确地予以划分,且双方未约定被告违反竞业限制约定时,应当向原告支付违约金金额,故对用人单位主张被告违反竞业限制义务,应按解除劳动关系协议书的约定返还18万元的请求,缺乏事实依据,人民法院不予支持。

【核心法条链接】

《中华人民共和国劳动合同法》

第二十三条　用人单位与劳动者可以在劳动合同中约定保守用人单位的商业秘密和与知识产权相关的保密事项。对负有保密义务的劳动者,用人单位可以在劳动合同或者保密协议中与劳动者约定竞业限制条款,并约定在解除或者终止劳动合同后,在竞业限制期限内按月给予劳动者经济补偿。劳动者违反竞业限制约定的,应当按照约定向用人单位支付违约金。

第九十条　劳动者违反本法规定解除劳动合同,或者违反劳动合同中约定的保密义务或者竞业限制,给用人单位造成损失的,应当承担赔偿责任。

《最高人民法院关于审理劳动争议案件适用法律若干问题的解释(一)》

第三十六条　当事人在劳动合同或者保密协议中约定了竞业限制,但未约定解除或者终止劳动合同后给予劳动者经济补偿,劳动者履行了竞业限制义务,要求用人单位按照劳动者在劳动合同解除或者终止前十二个月平均工资的30%按月支付经济补偿的,人民法院应予支持。

前款规定的月平均工资的30%低于劳动合同履行地最低工资标准的,按照劳动合同履行地最低工资标准支付。

第三十七条　当事人在劳动合同或者保密协议中约定了竞业限制和经济补偿,当事人解除劳动合同时,除另有约定外,用人单位要求劳动者履行竞业限制义务,或者劳动者履行了竞业限制义务后要求用人单位支付经济补偿的,人民法院应予支持。

第三十八条　当事人在劳动合同或者保密协议中约定了竞业限制和经济补偿,劳动合同解除或者终止后,因用人单位的原因导致三个月未支付经济补偿,劳动者请求解除竞业限制约定的,人民法院应予支持。

第三十九条　在竞业限制期限内,用人单位请求解除竞业限制协议的,人民法院应予支持。

在解除竞业限制协议时,劳动者请求用人单位额外支付劳动者三个月的竞业限制经济补偿的,人民法院应予支持。

第四十条　劳动者违反竞业限制约定,向用人单位支付违约金后,用人单位要求劳动者按照约定继续履行竞业限制义务的,人民法院应予支持。

【实务操作建议】

1.规定竞业限制的期限与范围。根据《劳动合同法》第24条第2款的规定,从事同类业务的竞业限制期限,不得超过两年。关于竞业限制的范围,用人单位可以在与员工签订竞业限制时就竞业限制的范围作出约定,即便涵盖本公司关联公司的业务以及竞争公司的关联公司也属有效。

2.约定劳动合同的提前解除或终止时,竞业限制协议的效力。劳动合同提前解除或终止时,尤其是用人单位单方解除甚至被认定属违法解除时,竞业限制协议是否还需继续履行,在实践中存在很大的争议。如双方对此进行明确,约定无论任何情形导致的劳动合同提前终止或解除,竞业限制协议仍需继续履行,则于单位较为有利。

3.约定劳动者违反竞业限制约定需退还经济补偿金。用人单位在与劳动者进行协商时,应当明确劳动者的违约后果。如劳动者违反了竞业限制,则向用人单位退还所支付的经济补偿金,或者向用人单位支付违约金。在司法实践中关于退还经济补偿金的裁判并不统一。但如有约定,用人单位支付的经济补偿金被退回的可能性增大。当事人可约定"如乙方违反竞业限制义务,则员工应退还所有的竞业限制经济补偿金,并赔偿相应的损失及违约金"。

4.对竞业限制期限内经济补偿金金额明确予以划分。案件中刘某原所在公司对18万元的付款回单注明为经济补偿金,属于用人单位解除劳动合同或劳动合同终止后,用人单位依法一次性支付给劳动者的经济上的补助,是对劳动者由于劳动关系终止带来的利益损失的补偿并非竞业限制补偿,所以即使劳动者违反竞业限制义务,用人单位也无法追究劳动者的违约责任,要求其返还财物或者支付违约金。

（撰稿人：张　璐）

四、竞业限制条款对象的范围认定问题

【案情介绍】①

吴某于 2015 年 10 月 12 日入职某厂,双方确认吴某的职务为生产部员工,并于 2015 年 10 月 23 日签订了期限自 2015 年 10 月 13 日起至 2020 年 10 月 31 日止的劳动合同。《劳动合同》第 13 条规定:"根据本合同附件 A,如员工适用本条款则本条款为本合同的组成部分,如员工不适用本条款则本条款对员工不具有约束力。"吴某主张这一条款系竞业禁止条款,某厂应支付吴某竞业限制期间的经济补偿金。某厂则主张未与吴某约定,竞业限制是针对某厂的高级管理及技术人员在入职时签订的,吴某从事的是普通操作岗位,不接触公司商业秘密和核心技术,在入职时并没有与其签订竞业限制条款,针对劳动合同中竞业限制项中提到的 A 条款,是对员工的职位描述。

法院认为,吴某主张的竞业限制条款,是用人单位对知晓用人单位商业秘密的劳动者,在劳动合同、知识产权协议权利归属协议或者技术保密协议中约定的竞业限制条款。据此,竞业限制条款适用的是对用人单位经营有重大影响的劳动者。从某厂与吴某签订的劳动合同内容分析,"竞业限制"条款属于该合同中的格式条款,该条款空白部分并未填写任何内容,某厂与吴某并未有任何关于竞业限制条款的约定。吴某属于普工,并非高级管理及技术人员,吴某从事的是普通操作岗位,不接触公司商业秘密和核心技术。某厂主张吴某在入职时并没有与其签订竞业限制条款,针对劳动合同中竞业限制项中提到的 A 条款,是对员工的职位描述,一审法院予以采信。对于吴某诉请某厂支付竞业限制期间的经济补偿金,一审法院依法予以驳回。

---

① 案例来源:中国裁判文书网,(2018)粤 1972 民初 2256 号、(2018)粤 19 民终 6773 号。

【处理结果】

除违法解除劳动关系的赔偿金外,法院对于吴某要求支付竞业禁止的经济补偿诉讼请求没有支持。

【争议焦点】

用人单位与劳动者签订的劳动合同中是否存在竞业限制条款?某厂是否应当向吴某支付竞业限制经济补偿金?

【案例评析】

在企业的经营管理过程中,员工在离职时带走商业秘密,到有竞争关系的企业任职等情况比比皆是,给原企业的发展带来不利的影响。因此,用人单位为维护自身的商业秘密或竞争优势,防止员工因离职而泄露技术和商业秘密(例如客户名单、货源信息等),对企业造成不利结果等后果,通常会与员工订立竞业限制协议或竞业限制合同等。[①] 根据《劳动合同法》的规定,对负有保密义务的劳动者,用人单位可以与其约定竞业限制条款。一份完备的竞业限制协议应当包括以下内容:(1)竞业限制的人员范围:并不是所有的劳动者都适用竞业限制,一般是在用人单位中掌握用人单位的商业秘密和核心技术的相关人员。(2)竞业限制的地域范围。因为竞业限制协议限制了劳动者的就业权,因此并不能任意扩大用人单位对劳动者进行重新就业或者创业限制的地理范围。(3)竞业限制的期限:一般不超过两年。(4)竞业限制的补偿。很多用人单位对保密和竞业禁止的人员范围和地域范围无限扩大,不具有合理性。本案中,吴某在某厂的工作岗位为生产部员工,属于普通操作岗位,并不接触公司商业秘密或核心技术,故吴某亦不属于适用竞业限制条款的劳动者,用人单位即使签订竞业禁止协议,法院也可能不予以支持。同时,吴某提供的证据也不足以证明该劳动条款系竞业禁止条款。因此,法院对吴某诉请某厂支付竞业限制期间的经济补偿金的仲裁请求不予以支持。

---

① 龙汝迪:《劳动关系中竞业禁止制度研究》,2018 年西北大学硕士论文。

【核心法条链接】

《中华人民共和国劳动合同法》

第二十四条　竞业限制的人员限于用人单位的高级管理人员、高级技术人员和其他负有保密义务的人员。竞业限制的范围、地域、期限由用人单位与劳动者约定，竞业限制约定不得违反法律、法规的规定。

【实务操作建议】

1. 在形式上，使用《竞业限制协议》的单独文本或在劳动合同中单章约定，严格遵守劳动法律法规的强制性规定，不建议采用劳动纪律、规章制度、员工手册等形式规定竞业限制事宜，避免使用集团公司、控股公司、关联公司名义与员工签订《竞业限制协议》；在内容上，明确竞业限制的范围、地域、期限、应保密事项、补偿金标准、支付周期、支付方式、违约金计算标准或具体金额等项目；在用语及行文风格上，避免诘屈晦涩，尽量使文本通俗易懂，逻辑清晰。

2. 完善离职手续办理流程。可将双方间是否约定有竞业限制、竞业限制期间、补偿金标准及收款账户等信息列入离职交接或离职审批材料模板，避免因工作人员疏忽而遗漏对劳动者是否负有竞业限制的审查、通知及提示。[①]

（撰稿人：吴俊男）

---

① 杨学友：《竞业限制补偿金，当防三个误区》，载《就业与保障》2014年第8期。

五、用人单位未出具解除劳动合同 证明导致劳动者损失的赔偿问题

【案情介绍】[①]

胡某某是某科技有限公司的职员,于 2013 年 11 月 25 日入职,在公司从事生产部主管。胡某某与公司签订了两份固定期限劳动合同,合同期限自 2013 年 11 月 25 日至 2014 年 11 月 25 日,以及自 2014 年 12 月 26 日至 2019 年 11 月 25 日。

2018 年 8 月 30 日,公司的生产部经理张某、高级运营经理罗某、行政人事主任陈某与胡某某就公司提出解除与胡某某的劳动合同一事进行协商,因双方就补偿金及加班费存在争议,未能协商一致。

8 月 31 日,公司人力部门、财务部门及工会代表与胡某某进行了面谈,公司表示双方还存在劳动关系,要求胡某某退回公司财务误汇款(含 8 月份工资及经济补偿金)74724.38 元,胡某某拒绝。同日,胡某某向公司递交休年假的申请,休假日期为 2018 年 9 月 3 日,公司予以同意。休假结束后,胡某某没有再回公司上班。

2018 年 9 月 6 日和 7 日,公司两次向胡某某发出催促到岗通知书,通知书中写道胡某某已 3 天未出勤到岗工作,该行为违反了公司规章制度的相关规定,已构成旷工,其应于收到通知书之后的第一个工作日内返回部门岗位上班。如逾期未到岗,公司将根据《员工手册》的规定按自动离职处理。胡某某妻子在上述通知的空白处附有"我老公胡某某已经被公司非法解雇,现已离开公司,他已依法向劳动局申诉。请知悉,谢谢!王某某,2018 年 9 月 7 日"的信息。

2018 年 9 月 12 日,公司向该公司工会委员会递交一份《关于与胡某某

---

① 案例来源:中国裁判文书网,(2018)粤 1704 民初 2125、2161 号。

同志解除劳动合同情况说明及处理意见》，该意见按照《员工手册》的规定，将按该同志自动离职处理。公司工会委员会于同日对上述处理意见进行回复，予以同意上述处理意见。此后，公司向胡某某邮寄《劳动合同解除通知书》，上述通知书于 2018 年 9 月 15 日因拒收而退回。

2018 年 9 月 5 日，胡某某（申请人）以公司（被申请人）违法解除劳动合同为由，向人事争议仲裁委员会申请劳动仲裁，请求裁决被申请人立即为申请人出具解除劳动合同证明，并依法赔偿申请人的失业等社保待遇损失。仲裁委裁决驳回申请人的该仲裁请求，后胡某某与公司均不服上述仲裁裁决，分别诉至法院。

【处理结果】

法院判决公司应向原告胡某某出具解除劳动合同的证明，但对于胡某某请求公司赔偿因没有出具解除劳动合同证明的失业保险等社保待遇损失的诉求，法院不予支持。

【争议焦点】

用人单位是否存在违法解除劳动关系的情形及是否应向胡某支付解除劳动合同赔偿？用人单位解除劳动合同时是否必须出具解除劳动合同证明？用人单位未出具解除劳动合同的证明给劳动者造成损害应怎样进行赔偿？

【案例评析】

根据《劳动合同法》第 46 条第 2 款："有下列情形之一的，用人单位应当向劳动者支付经济补偿：……（二）用人单位依照本法第三十六条规定向劳动者提出解除劳动合同并与劳动者协商一致解除劳动合同的。"本案中用人单位提出解除劳动合同并与胡某某进行协商，并未协商一致。从上述协商过程及胡某某递交休假申请表的行为来看，双方至 2018 年 8 月 31 日仍存在劳动合同关系，可见用人单位虽提出与胡某某解除劳动合同，但与其保持协商，不存在违法解除劳动合同的情形。但属于用人单位依法应当支付经济补偿的法定情形，故用人单位应当向胡某某支付解除劳动合同赔偿。

《劳动合同法》第 50 条规定，用人单位应当在解除或者终止劳动合同时出具解除或者终止劳动合同的证明，并在 15 日内为劳动者办理档案和社会保险关系转移手续。由此可见,用人单位出具解除或者终止劳动合同的证明属于用人的法定义务,没有例外情况。在本案中,胡某某主张公司违法解除劳动合同并且其当天被逼进行工作交接,公司认为双方的劳动合同一直处于有效履行的状态,直至胡某某旷工本单位才根据《员工手册》的规定,将按该同志自动离职处理。无论是何种情况,用人单位都应当在解除或者终止劳动合同时向胡某某出具解除劳动关系的证明。

《劳动合同法》第89条规定,用人单位违反本法规定未向劳动者出具解除或者终止劳动合同的书面证明,由劳动行政部门责令改正;给劳动者造成损害的,应当承担赔偿责任。故出具解除或终止劳动合同书面证明是用人单位的法定义务。并且该法定赔偿责任的要件有二:一是用人单位的违法解除或终止劳动合同的行为;二是劳动者的实际损害。用人单位未按规定及时出具解除或终止劳动合同书面证明可能会对劳动者享受失业保险待遇、重新就业等方面产生影响,损害劳动者的合法权益。司法实践中,若劳动者能够举证证明因原用人单位未出具解除或者终止劳动合同的证明,直接导致其无法入职新用人单位或无法享受失业保险待遇,造成经济损失的,可以要求原用人单位赔偿损失。若劳动者怠于行使其权利,无法证明自己遭受具体损害,并且该损害与用人单位没有出具解除劳动合同证明之间存在直接因果关系,则不能成为赔偿权利人。

本案中,虽然法院认定用人单位没有出具解除劳动合同证明的事实,但胡某某未能举证证实其因公司未出具解除劳动合同证明造成的具体损害,应承担举证不能的法律后果。因此,对于胡某某请前用人单位赔偿因没有出具解除劳动合同证明的失业保险等社保待遇损失,没有事实依据,人民法院不予支持。

【核心法条链接】

《中华人民共和国劳动合同法》

第三十六条　用人单位与劳动者协商一致,可以解除劳动合同。

第四十六条　有下列情形之一的,用人单位应当向劳动者支付经济补偿:

……

(2)用人单位依照本法第三十六条规定向劳动者提出解除劳动合同并与劳动者协商一致解除劳动合同的;

……

第五十条　用人单位应当在解除或者终止劳动合同时出具解除或者终止劳动合同的证明,并在十五日内为劳动者办理档案和社会保险关系转移手续。

第八十九条　用人单位违反本法规定未向劳动者出具解除或者终止劳动合同的书面证明,由劳动行政部门责令改正;给劳动者造成损害的,应当承担赔偿责任。

《中华人民共和国社会保险法》

第八十三条　个人与所在用人单位发生社会保险争议的,可以依法申请调解、仲裁,提起诉讼。

第八十五条　用人单位拒不出具终止或者解除劳动关系证明的,依照《中华人民共和国劳动合同法》的规定处理。

原劳动部《关于〈中华人民共和国劳动法〉若干条文的说明》

第二十四条　经劳动合同当事人协商一致,劳动合同可以解除。

【实务操作建议】

1.用人单位在劳动关系解除或者终止时应当及时出具解除或者终止劳动关系证明,并且及时备份,用于证明本单位已及时开具相关证明。根据《中华人民共和国劳动合同法》的规定,用人单位在劳动合同解除或者终止后,基于诚实信用原则,当事人应当负具有善后性质的后合同义务,其中包括出具解除或者终止劳动合同的证明。在时间上,应当在解除或者终止的当时出具证明[①];在内容上,应当注明劳动合同期限、解除或者终止劳动合同的日期、工作岗位、在本单位的工作年限。未经请求,不得记载解除或者终止劳动合同的缘由[②]。因此,用人单位在与劳动者解除或终止劳动合同时,无论以何种形式进行,都应当及时出具证明以满足劳动者再就业的需要,维护劳动力市场的管理秩序。

2.用人单位在出具解除或者终止劳动合同的证明时,应当注明开具证明的日期以及劳动者的签收回执。根据《劳动合同法》第 89 条的规定,若劳

---

①　《劳动合同法》第 50 条。

②　《劳动合同法实施条例》第 24 条:用人单位出具的解除、终止劳动合同的证明,应当写明劳动合同期限、解除或者终止劳动合同的日期、工作岗位、在本单位的工作年限。

动者能够证明自己遭受具体损害,并且该损害与用人单位没有出具解除劳动合同证明之间存在直接因果关系,用人单位应当对劳动者进行赔偿。通常在劳动者再就业时会出现该纠纷,因此明确开具日期和劳动者的回执可用于切断劳动者所遭受的损害与本单位之间的因果关系,以便于在仲裁或诉讼过程中进行抗辩。

(撰稿人:张　璐)

六、劳动者辞职后继续工作属于工作交接所需还是挽留继续工作的认定问题

【案情介绍】①

杨某是某资产管理有限公司的员工,于 2013 年 3 月 13 日加入该公司。杨某与公司签订的最后一份劳动合同期限为 2017 年 3 月 7 日至 2018 年 3 月 6 日,工作岗位为营销客服经理。公司每月 10 日左右通过银行转账支付杨某工资,每月实发工资平均为 13000 元。

在劳动合同期限内,杨某曾于 2017 年 8 月 29 日因个人原因提出离职申请。公司在杨某提出辞职后,于 2017 年 9 月 18 日招聘了另一员工,根据已签订的劳动合同,其岗位为营销客服经理,该员工解释公司招聘新员工的目的是顶替杨某离职后的岗位空缺。但 2017 年 8 月 29 日至 2017 年 12 月 20 日,杨某继续在公司工作,且该期间杨某的月工资在原工资基础上每月增加了 7000 元。2017 年 12 月 20 日,公司口头通知杨某解除劳动合同,当日杨某从公司离职。

原告杨某诉称:首先,自入职公司以来,其从未受过公司处分。其次,2017 年 8 月 29 日提交《辞职书》后,公司并未同意其离职,并通过加薪 7000 元的方式挽留,其选择继续留在公司工作,双方的劳动关系一直存续。最后,公司于 2017 年 12 月 20 日口头通知其解除劳动合同,但又未满足即时辞退的条件,系违法解除劳动合同,要求公司支付违法解除劳动合同的赔偿金。杨某提交了工作总结、录音光盘、聊天记录、中国联合网络通信有限公司深圳市分公司综合业务电子受理单等证据加以证明。

在本案中,法院结合用人单位的新招聘行为,继续工作的时长、所交接工作内容的复杂程度和行业特点,综合判断"继续工作"的行为性质。首先,

---

① 案例来源:中国裁判文书网,(2018)粤 0304 民初 16501 号。

公司在杨某于 2017 年 8 月 29 日提出辞职后,在一个月内即 2017 年 9 月 18 日招聘了另一员工,双方已签订的劳动合同显示,该新招员工的岗位为营销客服经理,结合该新招员工所作陈述,公司招聘新员工的目的是顶替杨某离职后岗位的空缺,两者互相印证,可信度较高。其次,杨某本职工作涉及房地产项目,从杨某向公司提交的工作总结并结合行业特点可知,其工作内容既复杂又耗时。公司据此称离职工作交接期较长,因此公司每月给予杨某额外补偿 7000 元,该解释较为合理。最后,杨某提交的录音光盘及聊天记录属电子证据,经法院审查无法确认其真实性,不能作为证据使用。退一步说,上述电子证据亦不能直接证明公司存在违法解除劳动合同的意思表示。因此,法院认为"继续工作"行为属离职交接所需的盖然性较高,原告杨某诉称被告某资产管理有限公司于 2017 年 12 月 20 日违法解除劳动合同,但是提供的证据并不能形成有效的证据链,不能充分证明其主张,应承担举证不能的后果。原告杨某之诉请不符合《劳动合同法》第 48 条的规定,法院对此不予支持。

【处理结果】

法院判决驳回原告杨某的诉讼请求,公司无须支付违法解除劳动合同的赔偿金。

【争议焦点】

劳动者提出离职申请后继续在用人单位处工作 3 个多月是离职交接所需还是被挽留继续工作?

【案例评析】

预告辞职是劳动者享有的法定权利,它是享有单方解除权的劳动者的单方意思表示。[①] 它不受用人单位制约,无须征得用人单位的同意,仅依劳动者自身的解除合同的意思表示即可发生效力,依法理而言属于民法上的简单形成权。形成权之行使,原则上不得附条件与期限,以避免置相对人于不确定之法律状态。[②] 但《劳动法》第 31 条和《劳动合同法》第 37 条规定,劳

---

① 王全兴:《劳动法》,法律出版社 2017 年第 4 版,第 215 页。
② 梁慧星:《民法总论》,法律出版社 2017 年第 5 版,第 74 页。

动者提前 30 日以书面形式通知用人单位,可以解除劳动合同,即预告辞职虽未附有实体性条件,但以劳动者向用人单位预告为辞职的程序性条件。本案中劳动者诉称于 2017 年 8 月 29 日提交《辞职书》,按形成权之性质,劳动者作出单方解除劳动合同的意思表示即发生效力,不需要用人单位同意,故双方劳动合同关系自当日起 30 日解除。

　　劳动合同解除或终止以后,当事人也负有善后阶段所承担的义务,即"后合同义务",本案可能涉及的劳动者的后合同义务为"办理工作交接"。《劳动合同法》第 50 条第 2 款规定,劳动者应当按照双方约定,办理工作交接。劳动者办理工作交接,妥善处理自己在劳动合同解除或终止前经手的事务。这是基于保护用人单位的利益而产生的后合同义务,也是劳动合同法中诚实信用原则的要求。① 这是识别本案中劳动者行为性质的判断路径之一。此外,《民法典》第 490 条第 2 款规定:"法律、行政法规规定或者当事人约定合同应当采用书面形式订立,当事人未采用书面形式但是一方已经履行主要义务,对方接受时,该合同成立。"本案中,劳动者与用人单位解除劳动关系,那么对于之后劳动者继续在用人单位工作,用人单位接受其工作,并按照其工作成果支付劳动报酬、缴纳社会保险等的行为,可以视为双方重新签订劳动合同,只是未采取书面形式订立。

　　综上,劳动者继续工作既有可能属于后合同义务的履行也有可能是劳动合同的重新签订,区分二者的关键是要看双方的意思表示,即双方是否有订立劳动合同的真实意愿。本案中用人单位在劳动者辞职后很快重新招聘了员工,以替代辞职员工的工作,由此可知用人单位并无重新订立劳动合同的意图,但由于工作的复杂性和特殊性,需要原员工进行较长时期的交接工作,以保障工作和人员平稳有序地更替,维护单位的切身利益。

　　关于预告辞职的期限,法律目前一律规定为 30 日,较为单一和僵化,尤其是对于辞职者素质较高、可替代性程度低的情形而言,难以满足用人单位安排甚至寻找替代辞职者人选的需要。因此有学者提出,有必要对高素质劳动者(以高薪或合同期限长为标志)规定特别预告期(如不超过 3 个月)。② 办理工作交接的期限与预告辞职的期限虽然不能等同,但实践中,预告期内办理工作交接是理所当然之事。本案中,由于交接工作内容的复

---

① 王全兴:《劳动法》,法律出版社 2017 年第 4 版,第 230～231 页。
② 王全兴:《劳动法》,法律出版社 2017 年第 4 版,第 215 页。

杂、耗时以及行业特点,辞职员工必须进行长时期的交接工作才能满足实践的需要,乃至突破了法律对预告期的限制,在劳动关系解除之后继续推进工作交接。

另外,对于用人单位在后三个月继续支付劳动报酬,甚至加薪 7000 元的行为,结合用人单位的真实意图,不能认为此举是为了挽留员工,这实际上是对员工进行工作交接所付出劳动的正常报酬和额外补偿。因此,法院对事实认定正确,符合常理也符合法理。

【核心法条链接】

《中华人民共和国劳动合同法》

第五十条　劳动者应当按照双方约定,办理工作交接。

第四十八条　用人单位违反本法规定解除或者终止劳动合同,劳动者要求继续履行劳动合同的,用人单位应当继续履行;劳动者不要求继续履行劳动合同或者劳动合同已经不能继续履行的,用人单位应当依照本法第八十七条规定支付赔偿金。

第八十七条　用人单位违反本法规定解除或者终止劳动合同的,应当依照本法第四十七条规定的经济补偿标准的二倍向劳动者支付赔偿金。

第四十七条　经济补偿按劳动者在本单位工作的年限,每满一年支付一个月工资的标准向劳动者支付。六个月以上不满一年的,按一年计算;不满六个月的,向劳动者支付半个月工资的经济补偿。

劳动者月工资高于用人单位所在直辖市、设区的市级人民政府公布的本地区上年度职工月平均工资三倍的,向其支付经济补偿的标准按职工月平均工资三倍的数额支付,向其支付经济补偿的年限最高不超过十二年。

本条所称月工资是指劳动者在劳动合同解除或者终止前十二个月的平均工资。

第九十条　劳动者违反本法规定解除劳动合同,或者违反劳动合同中约定的保密义务或者竞业限制,给用人单位造成损失的,应当承担赔偿责任。

【实务操作建议】

为防范劳动者离职带来的风险,用人单位应建立健全工作交接规章制度。

　　首先,制定交接工作制度应遵守岗位职责清、工作流程清、工作资料清和工作资产清的原则,对工作交接的时限、内容、流程及责任等作出具体规定①,制定离职审批流程、相关表格及离职证明。

　　其次,要明确监管责任,按照工作性质和岗位职责要求,确定交接人所在部门、人力资源、财务等各部门的管理权限以各司其职,并安排专人对工作交接过程现场进行严格监督和见证,对存疑事项及时解决,做到逐项核对、点验实物、账物相符、手续齐全,并做好记录、签字确认,至少保留一份存档备查②,并及时关闭与工作相关的邮件系统和 OA 系统③。

　　最后,要与劳动者签订解除或终止劳动合同的协议,在协议中约定劳动报酬、经济补偿金、赔偿金、社保费用、财产资料返还、秘密保守、竞业限制、工作交接等相关内容。由于工作交接需要延长工作时间的,用人单位应当明确具体时间以及这段时间的劳动报酬等有关事项的处理,以免产生争议。

（撰稿人:潘军宝）

---

① 孙华英:《DC 公司用工风险防控研究》,吉林大学 2019 年硕士论文。
② 孙华英:《DC 公司用工风险防控研究》,吉林大学 2019 年硕士论文。
③ 程阳:《浅析违法解除或终止劳动合同的继续履行》,载《中国律师》2019 年第 4 期。

七、一次性医疗补助金、一次性就业补助金等仲裁时效的计算

【案情介绍】①

　　李某是某机械公司的一名员工,于 2013 年 11 月 5 日发生工伤事故。2014 年 4 月 21 日,佛山市劳动能力鉴定委员会作出劳动能力鉴定结论书,确认李某停工留薪期为 4 个月,劳动功能障碍等级为十级。李某发生工伤事故后,某机械公司与李某协商,同意继续留任李某在原岗位工作,向李某支付 7107 元补偿金(部分补偿金),某机械公司也积极配合李某向社保部门办理领取工伤补偿款,李某于 2014 年 6 月 16 日向社保局领取一次性伤残补助金 16170 元。

　　2017 年 9 月 22 日,李某与某机械公司解除劳动合同关系,之后李某于 2018 年 6 月 4 日提起劳动仲裁,后又向法院提起诉讼,请求某机械公司支付李某一次性伤残就业补助金、一次性工伤医疗补助金差额、一次性伤残补助金差额、停工留薪期工资,理由是在工作期间,某机械公司尚有部分补偿款直至起诉日未支付。

　　一审法院认为,一次性伤残就业补助金、一次性工伤医疗补助金差额与一次性伤残补助金差额、停工留薪期工资同为工伤保险待遇,应作为一个整体而存在,因此一次性伤残就业补助金、一次性工伤医疗补助金差额未过仲裁时效。

　　某机械公司不服提起上诉,理由是一次性伤残就业补助金、一次性工伤医疗补助金需要等待劳动关系解除后才向用人单位主张或者向工伤保险基金主张,李某在离职后一年内主张没有过仲裁时效。但一次性伤残补助金差额、停工留薪期工资是劳动能力鉴定结果下达后就可以主张领取,李某亦

---

　　①　案例来源:中国裁判文书网,(2018)粤 06 民终 11793 号。

已在 2014 年 6 月 16 日向社保部门领取了一次性伤残补助金,然而事隔 4 年后再向仲裁委提出,明显已过仲裁时效。

【处理结果】

二审法院认为,本案中,李某受伤后,双方并未解除劳动关系,而李某的工伤保险待遇中的一次性伤残就业补助金与一次性工伤医疗补助金依法应当在双方解除劳动关系后才享有,而一次性伤残补助金与停工留薪期工资差额作为工伤保险待遇的一部分,若让李某在未解除劳动关系的情况下通过提起劳动仲裁与诉讼的途径去维护自己的权益,从维护劳动关系的稳定与和谐方面来看,虽然于法有据但有违常情常理,尤其是对于一个受过工伤的劳动者而言,更是如此,因此对于仲裁时效期间的起算,应当从宽而不是从严掌握,同意一审判决相关理由,判决维持原判,驳回上诉。

【争议焦点】

一次性伤残补助金以及停工留薪期工资的仲裁时效到底该如何计算?

【案例评析】

首先,《工伤保险条例》第 17 条规定,职工自发生伤害事故之日起,用人单位应在 30 日内向社会保险行政部门提出工伤认定申请,用人单位未提起的,劳动者可在一年内自己提起。本案中,李某于 2013 年 11 月 5 日发生工伤事故。2014 年 4 月 21 日,佛山市劳动能力鉴定委员会作出劳动能力鉴定结论书,确认李某停工留薪期为 4 个月,劳动功能障碍等级为十级,未超过一年,因此未过时效。

其次,《工伤保险条例》第 37 条第 2 款规定,劳动、聘用合同期满终止,或者职工本人提出解除劳动、聘用合同的,由工伤保险基金支付一次性工伤医疗补助金,由用人单位支付一次性伤残就业补助金。本案中,2017 年 9 月 22 日,李某与某机械公司解除劳动合同关系,因此自解除之日起,李某可向某机械公司请求支付一次性伤残就业补助金,而我国《劳动争议调解仲裁法》第 27 条规定的仲裁时效为 1 年,因此李某于 2018 年 6 月 4 日提起劳动仲裁并未超过仲裁时效。

最后,关于争议焦点的一次性伤残补助金以及一次性医疗补助金,《工伤保险条例》第 25 条至第 27 条规定了一次性伤残补助金以及一次性医疗补助金由工伤保险基金支付,同时规定了伤残等级一级到十级的具体计算方法。由此可知,一次性伤残补助金以及一次性医疗补助金是自伤残等级评定后就可申请。本案中,佛山市劳动能力鉴定委员会于 2014 年 4 月 21 日已经作出劳动能力鉴定结论书,但事后某机械公司与李某协商同意继续留任李某在原岗位工作,并向李某支付部分补偿金。根据我国《劳动争议调解仲裁法》第 27 条第 2 款的规定,前款规定的仲裁时效,因当事人一方向对方当事人主张权利,或者向有关部门请求权利救济,或者对方当事人同意履行义务而中断。从中断时起,仲裁时效期间重新计算。本案中李某与某机械公司后协商继续留任工作,一是无法确定李某在此期间是否真的没有提起过;二是如二审法院所言,让一个劳动者在未解除劳动关系的情况下通过提起劳动仲裁与诉讼的途径去维护自己的权益,不合情理。虽然目前我国对此并无明确规定,但是我国目前《工伤暂行条例》规定发生争议按劳动争议处理,但《劳动法》等相关法律规定的时效制度目前又有很大的问题[1]。"我国劳动争议仲裁时效在本质上属于消灭时效,在实体效力上具有消灭诉权的效果,在程序上则体现为仲裁机构依职权主动审查时效。"[2]目前国内许多学者都认为这种时效规定不利于保护劳动者权利,二审法院的判决也是基于这种考虑,将立法目的以及价值判断用在了最终判决中。

【核心法条链接】

《工伤保险条例》

第十七条 职工发生事故伤害或者按照职业病防治法规定被诊断、鉴定为职业病,所在单位应当自事故伤害发生之日或者被诊断、鉴定为职业病之日起 30 日内,向统筹地区社会保险行政部门提出工伤认定申请。遇有特殊情况,经报社会保险行政部门同意,申请时限可以适当延长。

用人单位未按前款规定提出工伤认定申请的,工伤职工或者其直系亲属、工会组织在事故伤害发生之日或者被诊断、鉴定为职业病之日起 1 年内,可以直接向用人单位所在地统筹地区劳动保障行政部门提出工伤认定申请。

[1] 刘浩:《我国工伤保险赔偿制度问题研究》,安徽大学 2006 年硕士论文。
[2] 吴文芳:《劳动争议仲裁时效与民事诉讼时效冲突探析》,载《华东政法大学学报》2013 年第 6 期。

按照本条第一款规定应当由省级社会保险行政部门进行工伤认定的事项,根据属地原则由用人单位所在地的设区的市级社会保险行政部门办理。

用人单位未在本条第一款规定的时限内提交工伤认定申请,在此期间发生符合本条例规定的工伤待遇等有关费用由该用人单位负担。

第三十三条 职工因工作遭受事故伤害或者患职业病需要暂停工作接受工伤医疗的,在停工留薪期内,原工资福利待遇不变,由所在单位按月支付。

停工留薪期一般不超过12个月。伤情严重或者情况特殊,经设区的市级劳动能力鉴定委员会确认,可以适当延长,但延长不得超过12个月。工伤职工评定伤残等级后,停发原待遇,按照本章的有关规定享受伤残待遇。工伤职工在停工留薪期满后仍需治疗的,继续享受工伤医疗待遇。

生活不能自理的工伤职工在停工留薪期需要护理的,由所在单位负责。

第三十七条 职工因工致残被鉴定为七级至十级伤残的,享受以下待遇:

(一)从工伤保险基金按伤残等级支付一次性伤残补助金,标准为:七级伤残为13个月的本人工资,八级伤残为11个月的本人工资,九级伤残为9个月的本人工资,十级伤残为7个月的本人工资。

(二)劳动、聘用合同期满终止,或者职工本人提出解除劳动、聘用合同的,由工伤保险基金支付一次性工伤医疗补助金,由用人单位支付一次性伤残就业补助金。一次性工伤医疗补助金和一次性伤残就业补助金的具体标准由省、自治区、直辖市人民政府规定。

《中华人民共和国劳动争议调解仲裁法》

第二十七条 劳动争议申请仲裁的时效期间为一年。仲裁时效期间从当事人知道或者应当知道其权利被侵害之日起计算。

前款规定的仲裁时效,因当事人一方向对方当事人主张权利,或者向有关部门请求权利救济,或者对方当事人同意履行义务而中断。从中断时起,仲裁时效期间重新计算。

因不可抗力或者有其他正当理由,当事人不能在本条第一款规定的仲裁时效期间申请仲裁的,仲裁时效中止。从中止时效的原因消除之日起,仲裁时效期间继续计算。

劳动关系存续期间因拖欠劳动报酬发生争议的,劳动者申请仲裁不受本条第一款规定的仲裁时效期间的限制;但是,劳动关系终止的,应当自劳动关系终止之日起1年内提出。

【实务操作建议】

1.用人单位要及时为职工缴纳工伤保险

工伤保险是一项社会保障措施,保障因工作遭受事故伤害或者患职业病的职工获得医疗救治和经济补偿,在促进职工工伤预防和职业康复的同时,还很好地分散了用人单位的工伤风险。若没有为职工缴纳工伤保险费,根据《工伤保险条例》第62条的规定,应当参加工伤保险而未参加工伤保险的用人单位职工发生工伤的,由该用人单位按照《工伤保险条例》规定的工伤保险待遇项目和标准支付费用。因此,用人单位一定要牢牢树立按规定参加工伤保险的意识,接受职工和社会的监督,自觉履行缴纳工伤保险的责任和义务,及时缴纳工伤保险,防患于未然。

2.用人单位应主动申报工伤认定事宜

用人单位应当及时主动申报工伤认定,确认工伤等级及相关事宜,可以更早明确工伤赔偿相关事宜,避免承担不必要的责任或损失。《工伤保险条例》第17条规定,用人单位未在事故伤害发生之日或者被诊断、鉴定为职业病之日起30日内提交工伤认定申请,在此期间发生符合本条例规定的工伤待遇等有关费用由该用人单位负担。即自事故伤害发生日至社会保险行政部门受理工伤认定申请日期间,发生的符合工伤待遇的有关费用全部由用人单位承担。

3.用人单位应当督促工伤职工申请工伤保险有关项目

一次性工伤医疗补助金和一次性伤残就业补助金两项待遇的给付以工伤职工与用人单位解除或终止劳动关系为前提,而一次性伤残补助金给付的前提是工伤职工经劳动能力鉴定构成伤残等级。就给付时间而言,一次性工伤医疗补助金和一次性伤残就业补助金应当由用人单位在工伤职工解除或终止劳动关系后支付,而一次性伤残补助金应当由用人单位在工伤职工被鉴定构成伤残的鉴定结论出具后的次月支付。因此,工伤职工上述两项待遇仲裁时效的起算时间有所区别。一次性工伤医疗补助金和一次性伤残就业补助金仲裁时效的起算时间为工伤职工被解除或者终止劳动关系之日起往后计算1年,而一次性伤残补助金仲裁时效的起算时间为工伤职工被鉴定构成伤残的鉴定结论出具的次月往后计算 1 年。如果工伤职工超过上述时间要求给付的,劳动仲裁机构就有可能以超过仲裁时效为由驳回工伤职工的请求。因此,用人单位应当督促工伤职工及时申请有关工伤保险待遇项目。

（撰稿人：易天宇）

八、用人单位注销后,劳动者应向谁主张权利

【案情介绍】①

艾某是某咨询公司的一名员工,在工作期间,艾某与某咨询公司就解雇问题产生矛盾提起诉讼,后一审法院作出(2014)深南法粤民初字第 1114 号民事判决,判决某咨询公司继续履行与艾某于 2013 年 5 月 15 日签订的劳动合同,并且驳回原告某舒家电公司的全部诉讼请求。后某咨询公司不服提起上诉,二审法院作出(2015)深中法劳终字第 1334 号民事判决书,判决驳回上诉,维持原判。

但某咨询公司于 2015 年 4 月 1 日向深圳市南山区经济促进局申请解散企业,2015 年 4 月 8 日深圳市南山区经济促进局作出深外资南复〔2015〕202 号批复,同意被执行人终止经营,提前解散,并按照规定办理公司清算及相关手续。之后某咨询公司就于 2016 年 8 月 9 日违法注销。

之后艾某重新起诉某家电科技(深圳)有限公司(以下简称"某家电科技公司")、海某赛咨询(深圳)有限公司(以下简称"海某赛公司")、某舒(远东)有限公司(以下简称"某舒远东公司")、某舒家电(深圳)有限公司(以下简称"某舒家电公司"),因为某舒家电公司在 2010 年 11 月 24 日发出《公司名称更改及劳动合同事宜》通知,以内部调整的方式把一部分员工安排在某咨询公司,此通知明确了是内部调整,应视为一种担保,包括对劳动关系的担保。同时,某咨询公司为对抗法律文书,声称遣散了所有员工,实际上是把员工转移到了海某赛公司。因此,艾某认为上述四公司是同一实体。

一审法院认为,艾某与四公司之间并无劳动关系,因此驳回起诉②。艾某不服提起上诉,二审法院认为一审事实清楚,适用法律正确,维持原判。

---

① 案例来源:中国裁判文书网,(2018)粤民再 137 号。
② 详情参见(2017)粤 0305 民初 231 号民事裁定。

最后,艾某提起再审,再审期间艾某提交新证据证明某舒远东公司是某咨询公司的唯一股东,该公司决定停止经营自然也是由此唯一股东所决定。在清算中,在支付清算费用、职工工资及其他费用等后剩余资产 128628.47 元,全部归还股东某舒远东公司。此外,对于艾某对某舒家电科技公司、海某赛公司、某舒家电公司的起诉,艾某主张该三公司与某咨询公司是同一实体,最终并未提交有效证据。

【处理结果】

再审法院认为,某咨询公司的清算报告已经证明某舒远东公司是某咨询公司的唯一股东和清算义务人,并承诺承接某咨询公司的债务。在某咨询公司注销后,艾某针对与某咨询公司之间的劳动报酬提起民事诉讼,应以某舒远东公司为被告,艾某对某舒远东公司的起诉符合《民事诉讼法》第119 条规定的受理条件,应予受理。至于对某舒家电科技公司、海某赛公司、某舒家电公司的起诉并未提供有效证据证明案件事实,不予确认。综上,撤销一审、二审中对某舒远东公司驳回起诉的部分。

【争议焦点】

用人单位注销后,劳动者应向谁主张权利?

【案例评析】

根据《公司法》第 232 条的规定,公司清算结束后,清算组应当制作清算报告,报股东会、股东大会或者人民法院确认,并报送公司登记机关,申请注销公司登记,公告公司终止。由此可知,注销是发生在清算完成之后,或者说清算是注销的一个必要和前提条件。而劳动者对注销的用人单位如何主张权利,可分为以下几种类型:劳动者起诉前或起诉中公司被注销、劳动者起诉后判决结果出来后被注销以及劳动者起诉中已成立清算组。根据《劳动人事争议仲裁办案规则》第 6 条的规定,发生争议的用人单位未办理营业执照、被吊销营业执照、营业执照到期继续经营、被责令关闭、被撤销以及用人单位解散、歇业,不能承担相关责任的,应当将用人单位和其出资人、开办单位或者主管部门作为共同当事人,具体可以按照以下情形处理:

针对第一种情形,劳动者在起诉时或起诉后判决前被注销,根据《民法典》《民事诉讼法》的规定,该法人已丧失主体资格,不能成为被告,但可告知起诉人另行起诉其股东或其他利害关系人。根据《破产法》第 113 条的规定，破产财产在优先清偿破产费用和共益债务后，优先支付破产人所欠职工的工资和医疗、伤残补助、抚恤费用，所欠的应当划入职工个人账户的基本养老保险、基本医疗保险费用，以及法律、行政法规规定应当支付给职工的补偿。艾某的劳动报酬属于清算的范围。《最高人民法院关于适用〈中华人民共和国公司法〉若干问题的规定（二）》第 19 条规定，有限责任公司的股东、股份有限公司的董事和控股股东，以及公司的实际控制人在公司解散后，恶意处置公司财产给债权人造成损失，或者未经依法清算，以虚假的清算报告骗取公司登记机关办理法人注销登记，债权人主张其对公司债务承担相应赔偿责任的，人民法院应依法予以支持。《破产法》第 20 条规定，公司未经依法清算即办理注销登记，股东或者第三人在公司登记机关办理注销登记时承诺对公司债务承担责任，债权人主张其对公司债务承担相应民事责任的，人民法院应依法予以支持。据此，根据上述规定，用人单位在明知尚有诉讼案件未审结的情况下即办理了注销登记，应当由前述规定的相关人员（以下统称清算责任人）承担相应的责任。

针对第二种情形，若是在判决出来后，用人单位被注销，依旧可以适用《破产法》第 113 条的规定。本案就是这种类型，在本案中，艾某与某咨询公司一审判决于 2014 年作出，二审判决于 2015 年作出，而某咨询公司于 2015 年 4 月 1 日向深圳市南山区经济促进局申请解散企业，并于 2016 年 8 月 9 日违法注销。在判决出来后，某咨询公司对艾某的债务已经确定，在某咨询公司清理过程中，应按照《破产法》第 113 条的规定，优先清偿职工薪酬，而艾某的薪酬及补偿金未得到清偿，公司便已经注销，甚至还有多余财产返还股东某舒远东公司，明显属于违法注销，此种情况下可直接起诉用人单位股东，在本案中即某舒远东公司，请求其承担连带赔偿责任。

而第三种情形比较特殊，即在诉讼中已经申请破产成立了清算组，尚未注销。此种情况下根据《公司法》第 230 条、第 231 条的规定，清算组在清算期间有清理债权、债务和代表公司参与民事诉讼活动的职权。因此，如果劳动者与用人单位就薪资及补偿未达成协商，可以清理组为被告起诉请求确认具体金额，之后就该金额向清理组进行申报，之后按照《破产法》的有关规定进行清理补偿。

需要注意的是，用人单位注销后劳动者起诉的，应当按照清算责任纠纷进行审理。虽然劳动者的主张能否得到支持的依据主要适用劳动法的相关规定,但最终是否由清算责任人承担相应责任的依据是公司法的相关规定,此时案由应为清算责任纠纷。因此,案件不需要经过劳动争议仲裁前置程序,且适用地域管辖,即由用人单位所在地法院管辖。

【核心法条链接】

《中华人民共和国民事诉讼法》

第一百二十二条 起诉必须符合下列条件:

(一)原告是与本案有直接利害关系的公民、法人和其他组织;

(二)有明确的被告;

(三)有具体的诉讼请求和事实、理由;

(四)属于人民法院受理民事诉讼的范围和受诉人民法院管辖。

《中华人民共和国公司法》

第二百二十八条 公司因本法第二百二十五条第一款第一项、第二项、第四项、第五项规定而解散的,应当清算。董事为公司清算义务人,应当在解散事由出现之日起十五日内组成清算组进行清算。

清算组由董事组成,但是公司章程另有规定或者股东会决议另选他人的除外。

清算义务人未及时履行清算义务,给公司或者债权人造成损失的,应当承担赔偿责任。

第二百二十九条 公司依照前条第一款的规定应当清算,逾期不成立清算组进行清算或者成立清算组后不清算的,利害关系人可以申请人民法院指定有关人员组成清算组进行清算。人民法院应当受理该申请,并及时组织清算组进行清算。

公司因本法第二百二十五条第一款第四项的规定而解散的,作出吊销营业执照、责令关闭或者撤销设立登记的决定的部门或者公司登记机关,可以申请人民法院指定有关人员组成清算组进行清算。

第二百三十条 清算组在清算期间行使下列职权:

(一)清理公司财产,分别编制资产负债表和财产清单;

(二)通知、公告债权人;

(三)处理与清算有关的公司未了结的业务;

(四)清缴所欠税款以及清算过程中产生的税款;

(五)清理债权、债务;

（六）分配公司清偿债务后的剩余财产；

（七）代表公司参与民事诉讼活动。

第二百三十一条　清算组应当自成立之日起十日内通知债权人，并于六十日内在报纸上或者统一的企业信息公示系统公告。债权人应当自接到通知之日起三十日内，未接到通知的自公告之日起四十五日内，向清算组申报其债权。

债权人申报债权，应当说明债权的有关事项，并提供证明材料。清算组应当对债权进行登记。

在申报债权期间，清算组不得对债权人进行清偿。

第二百三十二条　清算组在清理公司财产、编制资产负债表和财产清单后，应当制订清算方案，并报股东会或者人民法院确认。

公司财产在分别支付清算费用、职工的工资、社会保险费用和法定补偿金，缴纳所欠税款，清偿公司债务后的剩余财产，有限责任公司按照股东的出资比例分配，股份有限公司按照股东持有的股份比例分配。

清算期间，公司存续，但不得开展与清算无关的经营活动。公司财产在未依照前款规定清偿前，不得分配给股东。

《最高人民法院关于适用〈中华人民共和国公司法〉若干问题的规定（二）》

第二十条　公司解散应当在依法清算完毕后，申请办理注销登记。公司未经清算即办理注销登记，导致公司无法进行清算，债权人主张有限责任公司的股东、股份有限公司的董事和控股股东，以及公司的实际控制人对公司债务承担清偿责任的，人民法院应依法予以支持。

公司未经依法清算即办理注销登记，股东或者第三人在公司登记机关办理注销登记时承诺对公司债务承担责任，债权人主张其对公司债务承担相应民事责任的，人民法院应依法予以支持。

《劳动人事争议仲裁办案规则》

第六条　发生争议的用人单位未办理营业执照、被吊销营业执照、营业执照到期继续经营、被责令关闭、被撤销以及用人单位解散、歇业，不能承担相关责任的，应当将用人单位和其出资人、开办单位或者主管部门作为共同当事人。

【实务操作建议】

1.注销公司时应及时公告有关信息,遵循法定程序,股东可避免因不作为而承受连带责任,造成无谓的损失。

2.企业法人被吊销营业执照,应当依法进行清算,清算程序结束并办理工商注销登记后,该企业法人才归于消灭。即便用人单位被吊销,在未注销之前,其法人地位依旧存续,发生劳动争议,劳动者可将用人单位或其出资人(股东)列为被申请人。《最高人民法院关于审理劳动争议案件适用法律若干问题的解释(一)》(法释〔2020〕26号)第29条规定:"劳动者与未办理营业执照、营业执照被吊销或者营业期限届满仍继续经营的用人单位发生争议的,应当将用人单位或者其出资人列为当事人。"

(撰稿人:周湖勇　易天宇)

后 记

　　本书是在笔者承担的广东省总工会干部学校"广东省劳动争议审判大数据分析"项目基础上完成的。在课题完成过程中,课题组成员发现很多案例对企业用工很有借鉴和启发意义。同时,我们也认为,要构建和谐的劳动关系,不仅要提升劳动者的法律素养,增强其法律意识,更要从用人单位端发力。只有通过用人单位规范管理、合法经营,才能从根本上减少劳动争议,从这个意义上而言,这才是劳动争议案件的"诉源治理"。同时,本书对于提升学生的实践能力也是大有裨益的。

　　作为企业用工管理的参考用书,笔者从法务管理视角予以阐述。本书是《企业用工管理》教材配套用书,为该书提供典型案例,为企业提供借鉴和参考。目前市场上关于企业用工或劳动关系处理的实务用书繁多,但大多数是从劳动争议处理技巧或风险防范等角度予以阐述,阐述的视角大多不是企业用工管理,因而虽有助于防范纠纷,但往往不能为企业创造价值,不能从用工法务管理角度对企业用工予以规范。法务管理不仅为企业防范风险,而且创造价值,为此需要从法务管理的视角予以阐述。传统预防纠纷角度虽然有助于防范风险但不能创造价值,而企业管理注重价值,但不能防范风险,为此需要将两者融合起来,即从法务管理的视角出发,则可以实现上述目的。

　　同时,本书作为企业法务课程的选修教材,非常注重学生实践能力培养。与法学主干课程和其他选修课相比,本教程注重实务性,是对前者必要的有益的补充。前者往往注重基础理论的学习,虽然也强调学生实务能力的培养,但更多的还是注重该学科基础知识的掌握和运用,而后者更注重学生的实务能力,即运用所学的法律知识去解决实际问题的能力,因而教学过程中注重的是如何运用这些知识去解决企业用工实践中存在的问题。

本书是抽象的法条和理论在实践中的具体运用,学生一旦就业,就能很快适应实践需要,能够帮助企业解决实际问题,动手能力的培养是本书最大的亮点和特色。

周湖勇谨识
2022 年 12 月 13 日于温州高教园区高教博园内